SAS

OTAGES EN IRAK

DU MÊME AUTEUR

Nº 1. S.A.S. A ISTANBUL
Nº 2. S.A.S. CONTRE C.I.A.
Nº 3. S.A.S. OPÉRATION APOCALYPSE
Nº 4. SAMBA POUR S.A.S.
Nº 5. S.A.S. RENDEZ-VOUS A SAN FRANCISCO
Nº 6. S.A.S. DOSSIER KENNEDY
Nº 7. S.A.S. BROIE DU NOIR
Nº 8. S.A.S. AUX CARAÏBES
Nº 9. S.A.S. A L'OUEST DE JERUSALEM
Nº 10. S.A.S. L'OR DE LA RIVIERE KWAI
Nº 11. S.A.S. MAGIE NOIRE A NEW YORK
Nº 12. S.A.S. LES TROIS VEUVES DE HONG KONG
Nº 13. S.A.S. L'ABOMINABLE SIRÈNE
Nº 14. S.A.S. LES PENDUS DE BAGDAD
Nº 15. S.A.S. LA PANTHÈRE D'HOLLYWOOD
Nº 16. S.A.S. ESCALE A PAGO-PAGO
Nº 17. S.A.S. AMOK A BALI
Nº 18. S.A.S. QUE VIVA GUEVARA
Nº 19. S.A.S. CYCLONE A L'ONU
Nº 20. S.A.S. MISSION A SAÏGON
Nº 21. S.A.S. LE BAL DE LA COMTESSE ADLER
Nº 22. S.A.S. LES PARIAS DE CEYLAN
Nº 23. S.A.S. MASSACRE A AMMAN
Nº 24. S.A.S. REQUIEM POUR TONTONS MACOUTES
Nº 25. S.A.S. L'HOMME DE KABUL
Nº 26. S.A.S. MORT A BEYROUTH
Nº 27. S.A.S. SAFARI A LA PAZ
Nº 28. S.A.S.L'HEROÏNE DE VIENTIANE
Nº 29. S.A.S. BERLIN CHECK POINT CHARLIE
Nº 30. S.A.S. MOURIR POUR ZANZIBAR
Nº 31. S.A.S. L'ANGE DE MONTEVIDEO
Nº 32. S.A.S. MURDER INC. LAS VEGAS
Nº 33. S.A.S. RENDEZ-VOUS A BORIS GLEB
Nº 34. S.A.S. KILL HENRY KISSINGER !
Nº 35. S.A.S. ROULETTE CAMBODGIENNE
Nº 36. S.A.S. FURIE A BELFAST
Nº 37. S.A.S. GUÊPIER EN ANGOLA
Nº 38. S.A.S. LES OTAGES DE TOKYO
Nº 39. S.A.S. L'ORDRE RÈGNE A SANTIAGO
Nº 40. S.A.S. LES SORCIERS DU TAGE
Nº 41. S.A.S. EMBARGO
Nº 42. S.A.S. LE DISPARU DE SINGAPOUR
Nº 43. S.A.S. COMPTE A REBOURS EN RHODESIE
Nº 44. S.A.S. MEURTRE A ATHENES
Nº 45. S.A.S. LE TRÉSOR DU NEGUS
Nº 46. S.A.S. PROTECTION POUR TEDDY BEAR
Nº 47. S.A.S. MISSION IMPOSSIBLE EN SOMALIE
Nº 48. S.A.S. MARATHON A SPANISH HARLEM
Nº 49. S.A.S. NAUFRAGE AUX SEYCHELLES
Nº 50. S.A.S. LE PRINTEMPS DE VARSOVIE
Nº 51. S.A.S. LE GARDIEN D'ISRAËL
Nº 52. S.A.S. PANIQUE AU ZAÏRE
Nº 53. S.A.S. CROISADE A MANAGUA
Nº 54. S.A.S. VOIR MALTE ET MOURIR
Nº 55. S.A.S. SHANGHAÏ EXPRESS
Nº 56. S.A.S. OPÉRATION MATADOR
Nº 57. S.A.S. DUEL A BARRANQUILLA
Nº 58. S.A.S. PIEGE A BUDAPEST
Nº 59. S.A.S. CARNAGE A ABU DHABI
Nº 60. S.A.S. TERREUR AU SAN SALVADOR
Nº 61. S.A.S. LE COMPLOT DU CAIRE
Nº 62. S.A.S. VENGEANDE ROMAINE
Nº 63. S.A.S. DES ARMES POUR KHARTOUM
Nº 64. S.A.S. TORNADE SUR MANILLE
Nº 65. S.A.S. LE FUGITIF DE HAMBOURG
Nº 66. S.A.S. OBJECTIF REAGAN
Nº 67. S.A.S. ROUGE GRENADE
Nº 68. S.A.S. COMMANDO SUR TUNIS
Nº 69. S.A.S. LE TUEUR DE MIAMI
Nº 70. S.A.S. LA FILIERE BULGARE
Nº 71. S.A.S. AVENTURE AU SURINAM
Nº 72. S.A.S. EMBUSCADE A LA KHYBER PASS
Nº 73. S.A.S. LE VOL 007 NE RÉPOND PLUS
Nº 74. S.A.S. LES FOUS DE BAALBEK
Nº 75. S.A.S. LES ENRAGÉS D'AMSTERDAM
Nº 76. S.A.S. PUTSCH A OUAGADOUGOU
Nº 77. S.A.S. LA BLONDE DE PRÉTORIA
Nº 78. S.A.S. LA VEUVE DE L'AYATOLLAH
Nº 79. S.A.S. CHASSE A L'HOMME AU PEROU
Nº 80. S.A.S. L'AFFAIRE KIRSANOV
Nº 81. S.A.S. MORT A GANDHI
Nº 82. S.A.S. DANSE MACABRE A BELGRADE
Nº 83. S.A.S. COUP D'ÉTAT AU YEMEN
Nº 84. S.A.S. LE PLAN NASSER
Nº 85. S.A.S. EMBROUILLES A PANAMA
Nº 86. S.A.S. LA MADONNE DE STOCKHOLM
Nº 87. S.A.S. L'OTAGE D'OMAN
Nº 88. S.A.S. ESCALE A GIBRALTAR
Nº 89. S.A.S. AVENTURE EN SIERRA LEONE
Nº 90. S.A.S. LA TAUPE DE LANGLEY
Nº 91. S.A.S. LES AMAZONES DE PYONGYANG
Nº 92. S.A.S. LES TUEURS DE BRUXELLES
Nº 93. S.A.S. VISA POUR CUBA
Nº 94. S.A.S. ARNAQUE A BRUNEI
Nº 95. S.A.S. LOI MARTIALE A KABOUL
Nº 96. S.A.S. L'INCONNU DE LENINGRAD
Nº 97. S.A.S. CAUCHEMAR EN COLOMBIE
Nº 98. S.A.S. CROISADE EN BIRMANIE
Nº 99. S.A.S. MISSION A MOSCOU
Nº 100. S.A.S. LES CANONS DE BAGDAD
Nº 101. S.A.S. LA PISTE DE BRAZZAVILLE
Nº 102. S.A.S. LA SOLUTION ROUGE
Nº 103. S.A.S. LA VENGEANCE DE SADDAM HUSSEIN
Nº 104. S.A.S. MANIP A ZAGREB
Nº 105. S.A.S. KGB CONTRE KGB
Nº 106. S.A.S. LE DISPARU DES CANARIES
Nº 107. S.A.S. ALERTE AU PLUTONIUM
Nº 108. S.A.S. COUP D'ETAT A TRIPOLI
Nº 109. S.A.S. MISSION SARAJEVO
Nº 110. S.A.S. TUEZ RIGOBERTA MENCHU
Nº 111. S.A.S. AU NOM D'ALLAH
Nº 112. S.A.S. VENGEANCE A BEYROUTH
Nº 113. S.A.S. LES TROMPETTES DE JÉRICHO
Nº 114. S.A.S. L'OR DE MOSCOU
Nº 115. S.A.S. LES CROISÉS DE L'APARTHEID
Nº 116. S.A.S. LA TRAQUE CARLOS
Nº 117. S.A.S. TUERIE A MARRAKECH
Nº 118. S.A.S. L'OTAGE DU TRIANGLE D'OR
Nº 119. S.A.S. LE CARTEL DE SEBASTOPOL
Nº 120. S.A.S. RAMENEZ-MOI LA TÊTE D'EL COYOTE
Nº 121. S.A.S. LA RÉSOLUTION 687
Nº 122. S.A.S. OPÉRATION LUCIFER
Nº 123. S.A.S. VENGEANCE TCHÉTCHÈNE
Nº 124. S.A.S. TU TUERAS TON PROCHAIN

Nº 125. S.A.S. VENGEZ LE VOL 800
Nº 126. S.A.S. UNE LETTRE POUR LA MAISON BLANCHE
Nº 127. S.A.S. HONG KONG EXPRESS
Nº 128. S.A.S. ZAIRE ADIEU

AUX EDITIONS GERARD DE VILLIERS

Nº 129. S.A.S. LA MANIPULATION YGGDRASIL
Nº 130. S.A.S. MORTELLE JAMAIQUE
Nº 131. S.A.S. LA PESTE NOIRE DE BAGDAD
Nº 132. S.A.S. L'ESPION DU VATICAN
Nº 133. S.A.S. ALBANIE MISSION IMPOSSIBLE
Nº 134. S.A.S. LA SOURCE YAHALOM
Nº 135. S.A.S. CONTRE P.K.K.
Nº 136. S.A.S. BOMBES SUR BELGRADE
Nº 137. S.A.S. LA PISTE DU KREMLIN
Nº 138. S.A.S. L'AMOUR FOU DU COLONEL CHANG
Nº 139. S.A.S. DJIHAD
Nº 140. S.A.S. ENQUÊTES SUR UN GÉNOCIDE
Nº 141. S.A.S. L'OTAGE DE JOLO
Nº 142. S.A.S. TUEZ LE PAPE
Nº 143. S.A.S. ARMAGEDDON
Nº 144. S.A.S. LI SHA-TIN DOIT MOURIR
Nº 145. S.A.S. LE ROI FOU DU NEPAL
Nº 146. S.A.S. LE SABRE DE BIN LADEN
Nº 147. S.A.S. LA MANIP DU « KARIN A »
Nº 148. S.A.S. BIN LADEN : LA TRAQUE
Nº 149. S.A.S. LE PARRAIN DU « 17-NOVEMBRE »
Nº 150. S.A.S. BAGDAD EXPRESS
Nº 151. S.A.S. L'OR D'AL-QAÏDA
Nº 152. S.A.S. PACTE AVEC LE DIABLE
Nº 153. S.A.S. RAMENEZ-LES VIVANTS
Nº 154. S.A.S. LE RESEAU ISTANBUL
Nº 155. S.A.S. LE JOUR DE LA TCHEKA
Nº 156. S.A.S. LA CONNEXION SAOUDIENNE
Nº 157. S.A.S. OTAGE EN IRAK
Nº 158. S.A.S. TUEZ IOUCHTCHENKO
Nº 159. S.A.S. MISSION : CUBA
Nº 160. S.A.S. AURORE NOIRE
Nº 161. S.A.S. LE PROGRAMME 111
Nº 162. S.A.S. QUE LA BÊTE MEURE
Nº 163. S.A.S. LE TRÉSOR DE SADDAM Tome I
Nº 164. S.A.S. LE TRÉSOR DE SADDAM Tome II
Nº 165. S.A.S. LE DOSSIER K.
Nº 166. S.A.S. ROUGE LIBAN
Nº 167. S.A.S. POLONIUM 210
Nº 168. S.A.S. LE DÉFECTEUR DE PYONGYANG Tome I
Nº 169. S.A.S. LE DÉFECTEUR DE PYONGYANG Tome II
Nº 170. S.A.S. OTAGE DES TALIBAN
Nº 171. S.A.S. L'AGENDA KOSOVO
Nº 172. S.A.S. RETOUR A SHANGRI-LA
Nº 173. S.A.S. AL-QAÏDA ATTAQUE Tome I
Nº 174. S.A.S. AL-QAÏDA ATTAQUE Tome II
Nº 175. S.A.S. TUEZ LE DALAI-LAMA
Nº 176. S.A.S. LE PRINTEMPS DE TBILISSI
Nº 177. S.A.S. PIRATES
Nº 178. S.A.S. LA BATAILLE DES S 300 Tome I
Nº 179. S.A.S. LA BATAILLE DES S 300 Tome II
Nº 180. S.A.S. LE PIÈGE DE BANGKOK
Nº 181. S.A.S. LA LISTE HARIRI
Nº 182. S.A.S. LA FILIÈRE SUISSE
Nº 183. S.A.S. RENEGADE Tome I
Nº 184. S.A.S. RENEGADE Tome II
Nº 185. S.A.S. FÉROCE GUINEE
Nº 186. S.A.S. LE MAÎTRE DES HIRONDELLES
Nº 187. BIENVENUE A NOUAKCHOTT
Nº 188. DRAGON ROUGE Tome I
Nº 189. DRAGON ROUGE Tome II
Nº 190. CIUDAD JUAREZ
Nº 191. LES FOUS DE BENGHAZI
Nº 192. IGLAS
Nº 193. LE CHEMIN DE DAMAS vol. I
Nº 194. LE CHEMIN DE DAMAS vol. II
Nº 195. PANIQUE À BAMAKO
Nº 196. LE BEAU DANUBE ROUGE
Nº 197. LES FANTÔMES DE LOCKERBIE
Nº 198. SAUVE QUI PEUT À KABOUL Tome I
Nº 199. SAUVE QUI PEUT À KABOUL Tome II
Nº 200. LA VENGEANCE DU KREMLIN

GÉRARD DE VILLIERS

SAS

OTAGES EN IRAK

Éditions Gérard de Villiers

Retrouvez les Éditions Gérard de Villiers sur :

www.editionssas.com

ISBN 978-2-360-5356-44

CHAPITRE PREMIER

Sophia Benini réprima un sursaut involontaire, quand le générateur installé dans une cage grillagée sur le trottoir de la rue n° 12, juste en dessous de sa fenêtre, se mit en route, avec un bruit d'enfer. Comme tous les matins, vers neuf heures. Même dans ce quartier central de Bagdad, l'électricité était capricieuse. La climatisation de la chambre démarra aussitôt, commençant à dissiper la chaleur poisseuse infiltrée dans la pièce. Bien que l'été soit fini, il faisait encore 40 °C.

La jeune Italienne demeura immobile quelques instants dans la pénombre, écoutant la respiration régulière de l'homme qui dormait à côté d'elle, son amant depuis quelques mois. Elle se retourna sur le flanc et admira la courbe de son dos, le creux de ses reins, ses fesses rondes et poilues. Si elle avait été un homme, elle aurait aimé l'enculer, se dit-elle. Hélas, elle n'était qu'une femme et c'est lui qui lui enfonçait parfois délicatement dans les reins un sexe très long et assez fin qui, utilisé ailleurs, la faisait grimper aux murs. Depuis dix ans qu'elle habitait Bagdad, jamais elle n'avait été aussi satisfaite d'un homme. Installée en Irak depuis 1992, après la première guerre du Golfe, elle avait subi les années d'embargo avec leur cortège de privations, puis les bombardements terrifiants de la seconde guerre, pendant laquelle elle s'était proposée comme bouclier humain ! Bagdad occupé par les Américains, elle avait rejoint une ONG où travaillait sa meilleure amie, Ornella Giro. Tous les jours, elle se félicitait de son choix de vie. Si elle était restée à Bologne, en Italie, elle n'aurait connu qu'une vie médiocre, avec son modeste bagage intellectuel. Alors qu'à Bagdad, elle vivait dans une villa agréable, avec du personnel pour la servir, et se dépensait sans compter pour les enfants irakiens victimes de la guerre. La veille encore, elle avait apporté un peu de réconfort à une petite fille de huit ans atteinte par une grenade et soignée à l'hôpital de la Croix-Rouge italienne. Du pauvre petit corps enveloppé de bandages, on ne voyait que le bras gauche et le visage de la fillette. Elle avait déjà subi plusieurs greffes de peau. Dès qu'elle avait aperçu Sophia Benini, elle s'était mise à sourire, agitant dans sa menotte la peluche offerte par l'Italienne. Cette évocation fit monter des larmes dans les yeux de Sophia Benini. Il y avait tant de souffrance en Irak, entre l'embargo, les bombardements, la guerre et, maintenant, l'anarchie qui rongeait ce malheureux pays !

Dans cette villa plutôt confortable, elle se sentait à l'abri, un peu comme dans un cocon. Dans une heure, elle ouvrirait les bureaux pour une nouvelle journée de travail. Ce qui lui laissait encore quelques minutes agréables.

Son regard revint au dos de son amant. Fouad, étudiant en lettres, appartenait à la grande tribu des Janabi. Longiligne, presque efféminé en dépit de la toison noire qui couvrait son torse et ses fesses, il avait des traits fins d'intellectuel, de grands yeux à l'expression candide...

Lui aussi devait se réveiller, pour se rendre à Mahmoudiya, dans la grande banlieue de Bagdad, chez un de ses oncles, personnage important de sa tribu. Elle l'aurait volontiers accompagné mais c'était impossible pour deux raisons : d'abord, la famille de Fouad n'aurait jamais accepté qu'il débarque avec une étrangère. Ensuite, depuis des mois, aucun étranger n'allait plus à Mahmoudiya : trop dangereux !

Sophia Benini promena des doigts légers comme des papillons le long de la colonne vertébrale du jeune homme, qui frémit comme un cheval agacé par une mouche. Ce simple tressaillement fit à Sophia l'effet d'une décharge de phéronomes. Elle sentit son sexe s'humidifier instantanément et son ventre se creuser malgré elle. Du coup, ses doigts appuyèrent un peu plus au creux des reins du jeune homme, et, cette fois, il bougea, se soulevant légèrement. Sophia Benini en profita pour glisser une main sous son corps, entourant la masse tiède et douce de son sexe, autour duquel elle referma les doigts. Elle était si émue qu'elle n'entendait plus le fracas du générateur.

Immobile, allongée sur le ventre, elle laissa le sexe durcir entre ses doigts. Fouad n'avait rien dit, mais elle savait qu'il était parfaitement réveillé. D'ailleurs, le long sexe débordait désormais de sa paume, sans même qu'elle l'ait caressé. À vingt-cinq ans, le jeune Irakien avait un appétit sexuel sans limite. Frustré comme tous les musulmans, il était fou de bonheur de pouvoir l'assouvir avec une partenaire aussi accueillante que Sophia. Celle-ci l'avait rencontré un an plus tôt, dans une galerie de tableaux du quai Abu-Nawas, et il lui avait tout de suite plu, avec son visage fin, ses grands yeux et son maintien timide. Dernier descendant d'une famille d'officiers, il adorait la littérature, était assoiffé de culture, et avait commencé par lui écrire des poèmes ! Comme il n'avait pas beaucoup d'argent, elle avait pris l'habitude de l'inviter à dîner dans la villa qui lui servait à la fois de bureau et de logement, et qu'elle partageait avec son amie, Ornella Giro.

Un soir, après avoir écouté de la musique, Fouad

s'était retrouvé tout naturellement dans son lit. Et Sophia avait découvert qu'il n'avait encore jamais fait l'amour. Le jeune homme était tellement excité qu'il ne s'était arrêté qu'à l'aube. Il jouissait en quelques minutes, projetant au fond du ventre de Sophia des jets puissants qui l'inondaient. Rien qu'en y repensant, elle était au bord de l'orgasme. Ensuite, Fouad lui avait appris qu'il s'était fiancé six mois plus tôt, mais, selon la coutume musulmane, il ne pouvait faire l'amour avec sa fiancée qu'après être passé devant l'imam.

La société arabe, même à Bagdad, était encore d'une rigueur impitoyable. Comme Fouad n'avait pas les moyens de se payer des putes, il avait le choix entre l'abstinence et la masturbation.

Sophia Benini avait beau savoir qu'elle n'avait aucun avenir avec ce grand jeune homme doux et souriant, elle en profitait largement. Ses copines des ONG préféraient les journalistes de passage, mais elle ne les enviait pas. Avec Fouad, elle avait un compagnon attentionné et gentil et, surtout, toujours prêt à épancher en elle son trop-plein de vitalité. Comme ce matin par exemple.

Le jeune homme poussa un soupir et elle aperçut le long sexe raide s'écarter comme un ressort du ventre plat. Fouad lui sourit, se déplaça un peu pour se retrouver allongé sur elle, de toute sa longueur. D'elle-même, Sophia ouvrit les jambes et creusa les reins. Fouad était si tendu qu'il n'eut même pas à se servir de sa main pour amener son sexe au contact de celui de Sophia. Il s'y enfonça lentement de toute sa longueur. Retenant son souffle, elle suivait dans sa tête la progression de la hampe au fond de son ventre.

Ensuite, son amant allongea les bras et prit ses mains dans les siennes, nouant ses doigts autour des siens, sa barbe dans le creux de l'épaule de Sophia. Depuis quelques mois, il s'était laissé pousser une superbe barbe noire reliée à sa moustache soigneusement taillée. Sophia le trouvait très séduisant ainsi. Ses mains accrochées aux siennes, il commença à bouger lentement en elle, avec des coups de reins très doux. Sophia se mit à fondre et sa respiration se calqua sur les coups de boutoir de son amant, qui la martelait comme un piston bien huilé. Fouad avait appris à se contrôler et ne jouissait plus comme un lapin. Peu à peu, Sophia sentit l'orgasme monter irrésistiblement de son ventre. Elle se mordit les lèvres, se retenant le plus possible, puis, d'un coup, hurla, transpercée, inondée, heureuse. Il lui fallut quelques secondes pour réaliser que Fouad, lui, n'avait pas joui et que son sexe était toujours aussi raide, fiché au fond de son ventre, d'une immobilité de marbre. Sophia savait ce que cela voulait dire. Elle tourna légèrement la tête et demanda :

– Tu as envie de…

La voix de Fouad n'était qu'un souffle.

– Oui.

Il avait toujours un peu honte de cette pulsion, honnie dans la religion musulmane, mais depuis qu'il y avait goûté, il ne restait jamais plus d'une semaine sans profiter des fesses de l'Italienne.

– Vas-y doucement, fit Sophia.

Elle disait cela en pensant le contraire. Fouad se retira lentement de son ventre. Ôtant sa main droite de la sienne, il empoigna son membre toujours raide et le déplaça un peu vers le haut. Sophia retint son souffle : c'était le moment le plus extraordinaire. Elle sentit le gland gorgé de sang peser sur l'anneau de ses reins, éprouva une très légère douleur, et la résistance de ses muscles cessa d'un coup. Le sexe de Fouad s'enfonça d'une dizaine de centimètres dans ses reins. Il s'arrêta, puis revint un peu en arrière, faisant tourner son sexe dans l'étroite ouverture, comme pour l'élargir.

– Je te fais mal ? souffla-t-il.

– Non.

Il recommença à s'enfoncer avec douceur. Sophia se sentait de nouveau au bord de l'orgasme. Jadis, elle avait lu dans un magazine féminin que son rectum ne pouvait physiologiquement accueillir que treize centimètres de sexe masculin. Maintenant, elle savait que c'était une stupidité. Celui de Fouad mesurait près du double et elle le prenait tout entier sans éprouver la moindre douleur. Juste une extraordinaire sensation de plénitude.

Le jeune homme demeura d'abord immobile, puis commença un va-et-vient de plus en plus rapide. Sophia était tellement excitée qu'elle se demanda s'il n'était pas revenu dans son sexe, tant la puissante bielle coulissait facilement dans ses reins. Fouad se déchaînait, la pilonnant de puissants coups de reins, accompagnés d'une sorte de râle qui se transforma progressivement en un cri filé, puis en un hurlement, au moment où il jouit.

Sophia trembla de tous ses membres. C'était le second orgasme de la matinée. Ils restèrent dans la même position jusqu'à ce qu'elle sente le sexe fiché en elle diminuer de volume. Elle ne se retourna pas lorsque Fouad fila à la salle de bains : il était très pudique.

***

Les trois véhicules s'arrêtèrent en face de la première maison de la rue n° 12. Un pick-up orange, une conduite intérieure Toyota et un 4 × 4 aux glaces fumées, sans plaque, comme ceux des mercenaires qui sillonnaient les rues de Bagdad. Une quinzaine d'hommes sortirent calmement des trois véhicules, tous en uniforme bleu de la police irakienne, avec des gilets pare-balles. La rue n° 12 était déserte. À une extrémité, elle était obstruée par une barricade improvisée protégeant la propriété d'un Kurde craignant d'être kidnappé. Un peu plus loin, dans l'autre sens, on apercevait la masse de l'hôpital ophtalmologique. Dans le quartier Al-Andalous, il n'y avait que des villas cossues, souvent abandonnées par leurs propriétaires, suppôts de Saddam Hussein enfuis à l'étranger. Un des hommes en bleu secoua la grille fermée par une chaîne et un cadenas jusqu'à ce qu'un des gardiens sorte dans la cour.

– Ouvre ! lança l'homme.

Devant ces hommes armés, le gardien s'exécuta sans poser de questions. À la queue leu leu, les intrus s'engagèrent dans l'escalier, sans demander quoi que ce soit. Visiblement, ils savaient où ils allaient. Plusieurs restèrent dans la rue, surveillant les abords de la villa. L'un d'eux, pistolet au poing, intima au gardien :

– Rentre chez toi !

***

Yasmina, la secrétaire irakienne de l'ONG, leva les yeux, stupéfaite, et découvrit un grand gaillard en combinaison bleue. Il entra dans son bureau, une Kalach à la main.

– Où sont les Italiennes ?

– À côté, bredouilla-t-elle.

L'employé irakien, penché sur sa photocopieuse, sentit une présence derrière lui et se retourna. Deux moustachus armés l'interpellèrent.

– Continue et ne t'occupe pas de nous.

Terrifié, il ne protesta pas et se remit à sa machine.

Sophia Benini, alertée par des bruits inhabituels, sortit de son bureau et se trouva nez à nez avec les intrus. Ces hommes en uniforme étaient plutôt rassurants. L'un d'eux la prit par le bras et lança :

– Où est ta copine ?

– À côté. Pourquoi ?

Sans répondre, il l'entraîna. Comme elle se débattait, il la prit brutalement par les cheveux et la traîna vers l'escalier en dépit de ses hurlements. Ornella, qui travaillait dans le bureau voisin, subit le même sort. Les deux femmes se retrouvèrent dans la rue, encadrées par leurs ravisseurs. Ceux-ci les firent monter dans le 4 × 4, qui repartit aussitôt, escorté par les deux autres véhicules. Le petit convoi tourna dans la rue suivante, en direction du centre. Le kidnapping n'avait pas duré cinq minutes. Terrifiées, les deux Italiennes étaient sous le choc. Sophia, qui parlait arabe, demanda :

– Où nous emmenez-vous ? Nous sommes des humanitaires. Je dois aller à l'hôpital ce matin.

– Tais-toi, dit sèchement un des hommes qui l'encadraient. Sinon, on va te faire du mal.

Comme dans un cauchemar, Sophia Benini voyait les rues défiler à travers les glaces teintées. Ils passèrent sans ralentir devant un poste de la police irakienne, puis devant l'énorme mur de béton hérissé de miradors protégeant le *Bagdad Hotel*, rue Saadoun. Continuant ensuite vers l'ouest pour franchir le Tigre par le pont Saratiya, ils roulèrent encore trois quarts d'heure environ, puis les trois véhicules entrèrent dans une cour, pénétrèrent dans un hangar encombré de caisses de bois.

On poussa les deux Italiennes dehors. Sophia Benini sentit qu'on lui ramenait les bras derrière le dos pour lui attacher les poignets. Ensuite, on lui noua un bandeau sur les yeux et elle en fut presque soulagée. On la poussa à nouveau dans le 4 × 4 et elle sentit un autre corps pressé contre le sien.

– Ornella.

– Oui, fit sa copine d'une voix blanche.

Avant d'éclater en sanglots. Jamais elles n'auraient pensé qu'une chose pareille puisse leur arriver. Elles qui s'étaient dévouées sans compter pour les Irakiens, pour l'Irak, leur pays d'adoption ! De nouveau, le véhicule cahota et prit de la vitesse. Cette fois, ce n'était pas un cauchemar, elles étaient bel et bien kidnappées.

***

Son Excellence l'ambassadeur Lorenzo Modino était en train de déjeuner au ministère des Affaires étrangères, à Rome. On en était au dessert et un maître d'hôtel versait cérémonieusement du Taittinger Comtes de Champagne dans les flûtes des invités. Un huissier vint chuchoter quelques mots à l'oreille de l'ambassadeur. On le demandait d'urgence de Bagdad.

– Je vous prie de m'excuser, fit-il à ses hôtes, des parlementaires de la commission des Affaires étrangères venus se faire briefer sur l'Irak.

Lorsqu'il revint, il semblait à peine perturbé. Il annonça :

– Deux jeunes Italiennes appartenant à une ONG ont, paraît-il, été kidnappées. Sans violence, ajouta-t-il, devant l'air horrifié de ses invités. C'est sûrement une erreur. Je connais personnellement ces deux jeunes femmes, qui se trouvent en Irak depuis des années. Elles ne font pas de politique et les Irakiens les apprécient beaucoup.

L'un des parlementaires ne put s'empêcher de réagir.

– Bien entendu, vous repartez pour Bagdad immédiatement ?

L'ambassadeur eut un geste désinvolte.

– Non, non, je dois encore rester ici quarante-huit heures. Mais j'ai pris au téléphone toutes les mesures utiles. Mon staff va contacter le Comité des oulémas.

Ces jeunes femmes sont des amies de l'Irak et seront certainement libérées très vite.

– Nous faisons partie de la coalition [1], fit remarquer un parlementaire. Ce n'est pas dangereux pour elles ?

– Ces deux jeunes femmes se sont toujours élevées publiquement contre la guerre faite à l'Irak, corrigea le diplomate. Nos amis irakiens le savent. Non, ne soyez pas inquiets. Tout cela va se dénouer en quelques heures. J'arriverai probablement pour fêter leur libération, conclut-il, satisfait.

1. La coalition anglo-américaine qui a envahi l'Irak en mars 2003 comprend en effet un contingent italien.

CHAPITRE II

– *Slow down*[1] *!* lança de l'arrière Aldo Falcone à Jim, le Gurkha qui conduisait la Cherokee blindée de l'ambassade italienne.

Le conducteur obéit. Les phares du véhicule éclairaient très loin l'interminable boulevard périphérique qui entourait Bagdad, traversant des zones pratiquement désertes. Il était dix heures du soir et, à cette heure-là, même les patrouilles blindées des Bradley US ne se risquaient pas hors de la « zone verte » sans la protection d'un couple d'hélicoptères Apache. Dès le coucher du soleil, Bagdad appartenait aux innombrables groupes armés – voyous et « résistants » – qui y faisaient régner la terreur. Depuis le début de l'été, les restaurants élégants de Harasat Street avaient fermé les uns après les autres, faute de clients. Le dernier d'entre eux, *Nabil*, avait, lui, été définitivement fermé par l'explosion d'une voiture piégée qui avait évité à ses clients de payer l'addition en les envoyant dans un monde supposé meilleur. Bilan : sept morts, tous étrangers, et une douzaine de blessés.

Aldo Falcone baissa la glace électrique pour scruter le paysage, le visage aussitôt fouetté par un vent délicieusement tiède. À sa gauche, la torchère de la

1. Ralentissez !

raffinerie de Dora rougeoyant dans la nuit offrait un point de repère précis. Ils se trouvaient à l'est de Bagdad, sur une portion totalement déserte du périphérique, qui, dans cette zone, surplombait une immense palmeraie sur leur droite et, à gauche, un paysage plat et marécageux.

Pas de lumière.

Aldo Falcone aperçut enfin ce qu'il cherchait : le parapet d'un pont enjambant une voie de chemin de fer, depuis longtemps abandonnée, qui passait sous le périphérique et se perdait dans la palmeraie.

– Stop ! ordonna-t-il.

C'était le lieu du rendez-vous et il était dix heures pile. Le Gurkha au volant se retourna avec un regard interrogateur. S'arrêter était encore plus dangereux que de rouler. Un malfaisant armé d'un RPG7, tapi dans la palmeraie, pouvait les transformer en chaleur et en lumière en un clin d'œil. Aldo Falcone ne se troubla pas. C'était lui le responsable de l'expédition et il était certain de ne rien risquer. Même l'islamiste le plus fanatique n'allait pas pulvériser un véhicule contenant huit millions de dollars. L'argent se trouvait sur le plancher de la Cherokee, dans deux sacs de toile servant d'habitude à transporter le courrier diplomatique de l'ambassade. Il avait lui-même compté, avec l'ambassadeur d'Italie, les liasses de billets étalées sur le tapis de son bureau. Aldo Falcone s'était porté volontaire pour cette mission délicate. Ceinture noire de judo et garde de sécurité au ministère italien des Affaires étrangères, tatoué jusqu'aux oreilles, dont l'une s'ornait d'une boucle, il savait que si cela se passait bien, cette mission plus excitante que le transport du courrier diplomatique lui vaudrait une promotion. Il envisageait de réclamer la direction de la sécurité de l'ambassade de Bagdad, un job à 8 000 dollars par mois. Évidemment, il lui fallait ramener à l'ambassade, saines et sauves, les deux Italiennes kidnappées une semaine plus tôt.

En rentrant d'Italie, l'ambassadeur Lorenzo Modino avait trouvé une situation légèrement différente de celle qu'il espérait. Ses deux compatriotes n'avaient pas été relâchées. Certes, aucune revendication politique n'avait été formulée, mais il s'agissait d'un véritable kidnapping. Walid, l'homme de confiance de l'ambassadeur, avait pu établir après enquête un contact indirect avec les ravisseurs. Ceux-ci réclamaient une somme énorme – huit millions de dollars – en échange des deux otages, menaçant de les exécuter si on ne satisfaisait pas leurs exigences.

Or, politiquement, le chef du gouvernement italien, Silvio Berlusconi, ne pouvait pas se permettre un tel couac. Son opinion publique était opposée à l'engagement de l'Italie aux côtés des États-Unis dans le conflit irakien, aussi l'exécution de ces deux innocentes humanitaires risquait-elle de déclencher une vague de fond antigouvernementale. Alors, la mort dans l'âme, l'Italie avait décidé de payer. Les détails du versement de la rançon contre la restitution des deux Italiennes avaient été mis au point par Walid et l'exécution confiée à Aldo Falcone. Walid avait assuré que cet échange n'était qu'une formalité. Le lieu du rendez-vous avait été choisi avec soin : à l'intersection du périphérique et de l'ancienne voie de chemin de fer. La palmeraie était truffée d'innombrables sentiers, ce qui rendait l'approche aisée. Cependant, les ravisseurs pouvaient aussi arriver par le périphérique. Ils faisaient ce qu'ils voulaient. Ni la balbutiante police irakienne ni les Américains n'avaient jamais intercepté une équipe de kidnappeurs.

Un silence pesant s'établit dans la Cherokee. À l'avant, les deux Gurkhas, sanglés dans leur uniforme recouvert d'un gilet pare-balles enrichi de multiples poches où ils avaient entassé des munitions pour leur

M-16 et les lance-grenades M-79 qui allaient avec, casqués, impassibles, muets, obéissaient comme des automates et appliquaient les consignes au pied de la lettre. Leur arme posée en travers des genoux, ils attendaient, surveillant le paysage à travers le pare-brise. Eux n'avaient pas d'états d'âme. Ou ils seraient enterrés en Irak, ou ils repartiraient au Nepal, riches.

À côté d'Aldo Falcone, « Big Bill » s'ébroua bruyamment, à la façon d'un buffle, et ôta son casque. Il avait dans une des poches de son treillis une boîte de bière mais n'osait pas l'ouvrir. Il se contenta d'allumer une cigarette avec un vieux Zippo cabossé. Le jeune Italien lui jeta un regard dégoûté. Avec sa queue-de-cheval, son crâne aux cheveux clairsemés, son énorme moustache grise tombante, sa panse proéminente et sa barbe mal peignée, « Big Bill » était un des moins ragoûtants « chiens de guerre » qui s'étaient rués sur l'Irak. Pilier de bar à Peoria, Illinois, il avait été recruté par la société Global Security, pour un salaire de 12 000 dollars par mois, ce qu'il gagnait par an aux États-Unis en faisant de petits boulots. Dans une autre vie, avant la bière Budweiser, il avait été Marine et cela avait favorisé sa candidature.

Expédié à Bagdad, équipé sur place d'un casque, d'un uniforme et d'autant d'armes qu'il pouvait en porter, il logeait à l'hôtel *Sheraton* et escortait des étrangers dans la ville. Noyant ensuite au bar du dix-neuvième étage ses angoisses de la journée. Car ce n'était pas un métier facile. Trois mois plus tôt, quatre de ses copains avaient été tués à Fallouja et leurs corps déchiquetés par une foule en furie qui en avait ensuite pendu les plus gros morceaux aux poutrelles d'un pont métallique. Le taux de mortalité était plutôt élevé dans la profession. Mais où pouvait-on gagner des salaires pareils ailleurs qu'à Bagdad ? Alors, tous les anciens mercenaires sud-africains, britanniques, australiens ou américains, les rescapés des opérations tordues africaines, s'étaient abattus sur l'Irak comme un vol de criquets. Il y en avait partout, dans tous les hôtels, dans des maisons où ils se retranchaient à plusieurs, tapis comme des hyènes, maudits de leurs voisins qui les dénonçaient à la résistance. Les Américains ayant assez à faire pour se protéger eux-mêmes et n'y arrivant pas toujours, la police irakienne, terrifiée, inefficace et corrompue, leur laissait le champ libre. Toutes les grandes sociétés présentes en Irak et travaillant pour le gouvernement américain les utilisaient.

Taillables et corvéables à merci.

C'est Walid, sûrement contre un bakchich, qui avait recommandé « Big Bill » pour cette expédition, en principe sans danger, puisque tout était convenu d'avance.

À l'arrière, Mahmoud, l'interprète irakien de l'ambassade, coincé entre « Big Bill » et Aldo Falcone, se faisait tout petit. Le téléphone satellite Thuraya pendu à l'épaule d'Aldone Falcone, en mode GSM, fit soudain entendre sa petite musique. Le jeune Italien répondit aussitôt :

– *Pronto*[1].

– *Tuto va bene ?* demanda la voix anxieuse de l'ambassadeur.

– *Tuto va bene*, assura Aldo Falcone. *Siamo aspetando*[2].

Rien de plus à dire. La nuit semblait figée, à part la torchère de Dora dans son halo jaunâtre. Assis à l'arrière, le traducteur de l'ambassade eut une quinte de toux. Lui était gris de peur. Même sa femme ignorait qu'il travaillait pour le gouvernement italien, membre de la coalition… Il prétendait être employé

1. Allô.
2. Tout va bien. Nous attendons.

par Irakcell, la compagnie de téléphones portables. L'idée de se trouver en face de résistants qui pouvaient, plus tard, le reconnaître le rendait malade. Il ne pouvait quand même pas, devant les autres, porter une cagoule.

Tout à coup, un coup sec fut frappé à la portière arrière. Aldo Falcone sursauta si fort qu'il faillit heurter le pavillon. Les deux Gurkhas sautèrent sur leurs armes et même « Big Bill » laissa tomber sa cigarette sur le plancher, prenant dans ses grosses pattes son MP5.

***

Aldo Falcone se retourna, le pouls à 200, et aperçut plusieurs silhouettes debout derrière la Cherokee, les visages enveloppés dans des keffiehs qui ne laissaient qu'une mince ouverture pour les yeux.

Le vrai travail commençait.

– Va leur parler ! lança-t-il à Mahmoud, l'interprète.

Ce dernier avait autant envie de quitter la relative protection de la Cherokee que de se jeter dans un volcan. Il se glissa pourtant par-dessus Aldo Falcone et demanda d'une voix mal assurée :

– Qu'est-ce que je leur dis ?

– Demande-leur où sont les filles.

Mahmoud ouvrit la portière et, aussitôt, une silhouette se matérialisa, debout à côté de la Cherokee. Un homme de haute taille, bardé d'étuis de toile contenant des chargeurs de Kalach, son arme à la main. Le visage dissimulé derrière son keffieh rouge, il apostropha violemment Mahmoud en arabe, et celui-ci demanda d'une voix tremblante à Aldo Falcone :

– Il veut savoir si nous avons l'argent.

– Moi, je veux savoir s'il a les filles !

Traduction. Aboiement.

– Il les a.

Le Gurkha assis à côté du chauffeur commença à ouvrir sa portière et aussitôt l'Irakien braqua sa Kalach sur Aldo Falcone, en aboyant encore plus fort.

– Il dit que personne ne sort de la voiture, traduisit Mahmoud. Sinon, il tire.

Aldo Falcone sentait son pouls atteindre des sommets vertigineux. Il avala sa salive et tenta de ne pas perdre son sang-froid. Ses doigts effleurèrent la crosse du Beretta 92 accroché à sa ceinture pour se rassurer.

– Dis-lui que nous venons échanger les filles contre l'argent. Où sont-elles ?

– Un peu plus bas, dans la palmeraie, répondit Mahmoud, après avoir transmis la question.

– Qu'il aille les chercher !

Mahmoud traduisit mais l'homme en keffieh ne bougea pas, lançant une nouvelle invective.

– Il demande si nous avons respecté les conditions, traduisit Mahmoud d'une voix chevrotante. Pas d'hélicoptère, pas d'autre véhicule.

– Oui, affirma Aldo Falcone.

Il distinguait dans la pénombre plusieurs autres hommes armés entourant la voiture. Sa chemise était collée à son torse par la transpiration. Leur interlocuteur aboya à nouveau.

– Il veut l'argent. Tout de suite, traduisit Mahmoud, de plus en plus mal à l'aise.

– Quand j'aurai les deux filles en face de moi ! répliqua Aldo Falcone d'une voix presque ferme.

Aboiement. Mahmoud chuchota presque :

– L'argent d'abord !

Aldo Falcone s'essuya le front. C'était une trop grosse responsabilité. Il avala sa salive et annonça :

– J'appelle l'ambassadeur !

Pendant quelques secondes, on n'entendit que le bruit musical des touches du Thuraya, puis la voix de l'ambassadeur d'Italie éclata, aussi nette que s'il se trouvait sous un des sièges de la Cherokee.

– Aldo ?

– *Si, Signor Embassador*. Ils veulent prendre l'argent avant de livrer les filles qui sont, d'après eux, dans la palmeraie. Que dois-je faire ?

On entendait même la respiration du diplomate. Après un long silence, celui-ci se décida enfin à répondre.

– Donnez-leur l'argent. Mais ne partez pas sans les filles.

Soulagé, Aldo Falcone prit un des sacs de toile et le jeta sur le bas-côté du périphérique. Aussitôt, le second suivit. Un des hommes masqués fendit le sac avec un poignard, découvrant les liasses de billets de cent dollars. Figés sur leur siège, le doigt sur la détente de leurs armes, les deux Gurkhas ressemblaient à des bas-reliefs d'Angkor.

– Dis-leur d'aller chercher les filles, maintenant, ordonna d'une voix plus ferme Aldo Falcone.

L'interprète traduisit. Au même moment, un grondement lointain surgit de la palmeraie, grandissant très vite. Aldo Falcone sentit son cœur descendre dans son estomac. Un hélico ! D'où surgissait-il ? Tout le monde s'était figé.

Comme un énorme poisson noir, un Blackhawk sans le moindre feu de position passa en biais au-dessus du périphérique, volant à moins de vingt mètres du sol. Le souffle de son rotor fit trembler la Cherokee… À peine se fut-il fondu dans l'obscurité que l'homme au keffieh rouge poussa un hurlement dément.

– *Porca madonna !* dites-lui que ce n'est pas nous ! hurla Aldo Falcone à Mahmoud.

L'enfer se déchaîna en une fraction de seconde. Au moins cinq fusils d'assaut tiraient en même temps sur la Cherokee, hachant ses occupants de leurs projectiles.

L'interprète tomba à l'extérieur, troué comme une passoire. Aldo Falcone reçut une balle qui lui fit éclater la tête. « Big Bill » eut le temps d'appuyer sur la détente de son MP 5 sans pouvoir viser et ses balles ricochèrent un peu partout. Plusieurs projectiles transpercèrent son ventre énorme, le déchiquetant comme une vieille baudruche. Un autre lui fit exploser la gorge.

Les deux Gurkhas, mieux entraînés, jaillirent en même temps de la Cherokee et se jetèrent à terre, puis ripostèrent. L'un d'eux tira une grenade de 40 mm avec son M-79 et le projectile coupa en deux un des assaillants. Son camarade en profita pour s'approcher et vider un chargeur de Kalach en plein visage du Gurkha.

Son compagnon, accroupi à l'abri de l'aile avant, tint quelques minutes de plus, forçant les assaillants à s'abriter. Jusqu'à ce qu'une grenade le réduise au silence. Il resta tassé contre la carrosserie, serrant toujours son M-16.

L'homme au keffieh rouge jeta un ordre bref. En un clin d'œil, un de ses hommes fit le tour des corps, leur tranchant systématiquement la gorge. Puis, avant de plonger vers la palmeraie, il jeta une grenade dans la Cherokee.

– Aldo ! Aldo ! criait dans le Thuraya la voix affolée de l'ambassadeur d'Italie.

Elle ne se tut que lorsque la Cherokee explosa.

*
* *

Le Blackhawk, attiré par la flamme de l'explosion, était revenu très vite, rejoint par un second hélicoptère, un Apache. Ils se mirent à tourner au-dessus de la Cherokee en feu, demandant des instructions et transmettant à leur QG ce qu'ils voyaient.

– Dégagez ! ordonna très vite leur contrôleur. Ces enfoirés ont peut-être des missiles.

– *Roger*. Nous dégageons, répondit le chef de bord du Blackhawk.

*
* *

Lorenzo Modino était blanc comme un linge, n'ayant pas fermé l'œil de la nuit. D'abord, il avait fallu envoyer un télégramme à son ministère relatant ce qui s'était passé. Dès l'aube, une patrouille des gardes de sécurité de l'ambassade d'Italie avait gagné le lieu de l'attaque, déjà sécurisé par la police irakienne. À la demande de l'ambassadeur, ils avaient été rejoints par trois Bradley envoyés sur l'ordre de John Negroponte, l'ambassadeur des États-Unis en Irak. Ce qui avait permis à Lorenzo Modino de venir lui-même constater l'étendue de la catastrophe, dans sa voiture de service blindée, une Maserati « quatre portes ». Normalement, son ministre lui interdisait de mettre les pieds hors de l'ambassade…

De la Cherokee, il ne restait qu'une carcasse déchiquetée. Les corps des cinq occupants de la voiture avaient été enfournés dans des sacs plastique. Ceux des deux islamistes, enveloppés dans des bâches tachées de sang, allaient être emmenés par une ONG islamiste pour un enterrement immédiat. Seul, Aldo Falcone bénéficierait d'un traitement de faveur, son corps étant rapatrié en Italie. Les autres seraient enterrés à Bagdad. C'était dans leur contrat. Quant à Mahmoud, Dieu merci, il n'avait pas de contrat écrit avec l'ambassade. L'ambassadeur se dit qu'il devrait quand même donner 100 000 dinars à sa famille, pris sur les fonds secrets.

De retour à l'ambassade, il avait attendu, prostré, le retour de Walid, parti aux nouvelles.

Bien entendu, la palmeraie avait été fouillée, sans qu'on trouve aucune trace des deux Italiennes. Ni des huit millions de dollars !

On frappa à la porte du bureau de l'ambassadeur et Walid se glissa dans la pièce. Lui non plus n'avait pas beaucoup dormi. La moustache en berne, il resta debout alors que d'habitude il s'asseyait et prenait un cigare.

– Alors ? demanda sèchement l'ambassadeur.

Après un coup pareil, il allait se retrouver en poste à Oulan-Bator... Il avait des sueurs froides en pensant aux huit millions de dollars.

– J'ai eu un contact, annonça le *fixer*[1] irakien, d'une voix encore mal assurée. Il paraît que l'échange a échoué parce qu'un hélicoptère a surgi. Ils ont cru que nous leur avions tendu un piège et ont pris peur... Aldo Falcone n'a pas eu le temps de s'expliquer.

Un ange passa, criblé de balles. Il y avait eu peu de place pour un dialogue...

– Et les otages ?

– Ils les gardent mais jurent qu'elles sont vivantes.

Enfin une bonne nouvelle ! L'ambassadeur essaya de se persuader que tout n'était pas perdu. Après tout, « plaie d'argent n'est pas mortelle ». À part Aldo Falcone, les dégâts collatéraux n'étaient pas trop graves : trois « chiens de guerre » anonymes et un interprète local.

– Comment reprendre les pourparlers ? interrogea-t-il.

Walid baissa la tête.

– Ils sont très fâchés. Ils ont perdu deux « martyrs », tués par les Gurkhas. Ils n'ont plus confiance. Il faut attendre.

Depuis le matin, le téléphone sécurisé n'arrêtait pas

1. Guide, interprète.

de sonner. Tout Rome appelait. Même le président du Conseil Berlusconi. Lorenzo Modino s'était montré le plus rassurant possible.

***

La secrétaire annonça dans l'interphone :

– Son Excellence John Negroponte, sur la une.

Après sa conversation avec Walid, Lorenzo Modino avait appelé son homologue pour éclaircir l'histoire de cet hélicoptère.

– Lorenzo, annonça la voix chaleureuse de l'ambassadeur américain en Irak, j'ai fait une enquête. Ce Blackhawk était en patrouille de routine et son équipage ignorait tout de cet échange. C'est une malheureuse coïncidence... Je suis désolé. Si vous avez besoin de moi, *call me up*.

Lorenzo Modino remercia distraitement et se plongea dans une méditation morose. Il ne croyait pas un mot de ce que lui avait dit son homologue. Les Américains écoutaient toutes les communications de l'ambassade et avaient horreur des négociations avec les « terroristes ». Ils étaient parfaitement capables d'avoir volontairement fait échouer l'échange. On ne le saurait que dans une trentaine d'années, en dépouillant les archives de la NSA, l'agence chargée des écoutes.

Pour se calmer, il se mit à rédiger un long télégramme à destination de Rome.

Il n'y avait plus qu'à prier.

***

Mouloud, le chauffeur du premier conseiller de l'ambassade italienne, attendait son patron en face du bureau des oulémas, en plein Bagdad, défendu comme un château fort. Le diplomate italien tentait toutes les démarches possibles pour reprendre le contact avec les ravisseurs des deux otages.

En vain jusqu'ici.

Les ravisseurs n'avaient plus donné signe de vie depuis le rendez-vous raté. L'ambassadeur tournait dans son bureau comme un lion en cage, se répétant « pas de nouvelles, bonnes nouvelles ». Chaque fois que le téléphone sonnait, il tremblait d'apprendre qu'on avait retrouvé leurs cadavres.

Un gamin s'approcha de la voiture, souriant, et interpella le chauffeur :

– C'est toi qui attends l'Italien ?

Mouloud se raidit. Il n'aimait pas cela.

– Pourquoi ?

Sans répondre, le gosse lui tendit une cassette vidéo et s'enfuit à toutes jambes. D'un réflexe affolé, le chauffeur jeta la cassette le plus loin possible et plongea à terre. Ce n'est que plusieurs minutes plus tard, constatant qu'elle n'explosait pas, qu'il alla l'examiner de plus près, sans oser encore l'ouvrir. Il en était au même point lorsque le diplomate italien revint et lui jeta, de mauvaise humeur, après s'être fait mener en bateau pour la centième fois :

– Qu'est-ce que c'est ?

– Peut-être une bombe, *signor*…

Le chauffeur expliqua la provenance de la cassette, toujours par terre, à quelques mètres de la voiture. Le diplomate hocha la tête. Cela pouvait effectivement être une bombe…

– J'appelle la police, suggéra Mouloud.

– Non, trancha le premier conseiller. Mets-la dans le coffre. On va la confier au démineur de l'ambassade.

Mouloud n'osa pas refuser.

***

– C'est bien une cassette, qui vous est destinée, *signor*, annonça le premier conseiller. Il y a un mot à l'intérieur, en arabe.

Lorenzo Modino regarda la cassette comme si c'était un cobra. Quelle horreur allait-il découvrir ? Il avait les lèvres sèches et le pouls en folie. Souvent, sur ces cassettes, c'était un festival de têtes coupées sur fond de musique islamiste tonitruante.

– Appelle Walid ! ordonna-t-il.

Walid s'était installé dans le salon voisin, pendu au téléphone, toujours optimiste. Il surgit et mit lui-même la cassette dans le magnétoscope. L'ambassadeur attendait, transformé en statue de sel. Une image apparut, brouillée, puis la silhouette cagoulée vêtue de noir d'un homme qui hurla d'une voix nasillarde « *Bismallah Al Rahman Al Rahim*[1] *!* ».

Ça commençait bien…

Quelques secondes plus tard, l'image se fit plus nette. L'ambassadeur poussa un cri : il avait devant lui les deux Italiennes kidnappées. Hagardes, décoiffées, le regard vide. Celle de gauche tenait devant elle, à hauteur de la poitrine, un journal en arabe, le titre bien visible.

Walid se pencha vers l'écran et cria :

– C'est *Al-Zahman* d'hier !

Le plus grand quotidien de Bagdad. Les deux Italiennes étaient encadrées par cinq hommes cagoulés et armés. L'un d'eux commença à lire un texte d'une voix monocorde. Walid traduisit au fur et à mesure.

– « Le groupe Tawhid wal-Jihad fixe un ultimatum au gouvernement scélérat italien. Il a huit jours pour annoncer le retrait d'Irak des troupes engagées dans la coalition. S'il n'obéit pas, une de nos prisonnières sera exécutée selon la coutume islamiste, et la cassette de

1. Au nom d'Allah, le Tout-Puissant, le Miséricordieux.

sa punition remise aux médias occidentaux. Si, deux jours plus tard, le gouvernement italien ne s'est toujours pas exécuté, la seconde prisonnière sera punie à son tour de l'intransigeance du croisé Berlusconi. *Allah ou akbar.* »

L'image devint noire. Effondré dans son fauteuil, Lorenzo Modino s'en arracha et courut littéralement jusqu'au bar où il se versa une rasade de Defender « Success » qu'il but d'un trait. Livide, il lança à Walid :

– C'est sérieux ?

– Je crains que oui, monsieur l'ambassadeur, répondit l'Irakien.

Le silence se prolongea plusieurs minutes. L'ambassadeur aurait voulu n'avoir jamais vu cette cassette. Il avait envie de la jeter au fond d'un tiroir et de l'oublier. Hélas, c'était impossible.

Il fallait prévenir Rome.

Il imaginait la réaction de Berlusconi. Bien entendu, il ne pouvait pas retirer ses troupes d'Irak. Mais les dégâts politiques sur le plan intérieur allaient être dévastateurs. Surtout si les exécutions se passaient en deux fois. Il imaginait les défilés, les pétitions, la pression populaire. Le fragile consensus sur le sujet des otages allait voler en éclats et les conséquences seraient désastreuses pour Silvio Berlusconi. L'opinion publique italienne vomissait la guerre en Irak.

C'était la catastrophe absolue. Avec l'énergie du désespoir, il appela :

– Walid !

L'Irakien surgit aussitôt.

– Walid, lança l'ambassadeur, il faut trouver une solution. Leur offrir n'importe quoi. Et réussir cette fois.

– Je vais faire mon possible, affirma d'une voix mal assurée le *fixer* irakien.

Conscient qu'il avait entre ses mains le sort du gouvernement italien.

CHAPITRE III

– Il faut sauver le soldat Berlusconi…

Le ton de Bruce Chaplin, le *senior field-officer* de la CIA, était légèrement empreint d'ironie, mais son regard, lui, ne souriait pas. Avec sa chemise à carreaux à manches courtes, son air doux, ses lunettes cerclées d'acier et sa voix posée, il ressemblait à un professeur d'université à la retraite. C'était pourtant un ancien de la CIA qui avait repris du service depuis un an. Comme il avait été longtemps en poste en Arabie Saoudite et dans les Émirats, l'Agence avait jugé qu'il serait utile à Bagdad.

En une demi-heure, il venait d'expliquer à Malko la raison de sa présence en Irak. Les deux hommes se trouvaient dans le bureau de l'Américain, au dernier étage de l'hôtel *Al Saader*, bloc rectangulaire et sans grâce, place Al-Andalous, en plein centre, sur la rive nord du Tigre. Réquisitionné par la Coalition, l'hôtel abritait une importante antenne de la CIA. L'Agence trouvait plus pratique de se trouver en ville que dans la « zone verte » dont les rares check-points étaient surveillés en permanence par les indicateurs de la résistance irakienne. Le *Al Saader*, construit au milieu d'un quartier très animé, comportait de nombreuses entrées. Il jouxtait un centre d'entraînement de la police irakienne, ce qui permettait à la CIA de traiter avec discrétion la nuée d'agents et de « spotters[1] » qui risquaient leur vie en échange de quelques dollars.

Le *Al Saader*, avec ses immenses dépendances et garages et les habituels murs de béton renforcés de sacs de sable, était défendu comme Fort-Knox. Les entrées protégées par une nuée de gardes de sécurité irakiens, hargneux et terrifiés. Une voiture piégée était déjà venue s'écraser contre le poste de garde de l'entrée, pulvérisant une demi-douzaine de policiers… Sur le toit plat du *Al Saader*, deux miradors armés de mitrailleuses surveillaient les toits des immeubles voisins et des agents scrutaient avec leurs jumelles l'activité autour d'eux. Presque en face, l'hôtel *Swan Lake* était occupé par le diable, la télévision qatarie Al-Jazira, bête noire des Américains.

Malko éternua. Une climatisation féroce maintenait la température des bureaux à 18 degrés alors qu'il faisait 40 à l'extérieur. Il laissa son regard errer sur la ville enveloppée d'une brume de chaleur qui noyait dans un magma ocre toutes les constructions pratiquement identiques. Bagdad était sûrement une des villes les plus laides du monde. Couleur sable mouillé, tous les bâtiments se ressemblaient, effaçant les points de repère. La guerre n'avait rien arrangé. Les immeubles éventrés par les bombes, ceux dont la construction avait été brutalement interrompue, les façades lépreuses des vieilles maisons jamais restaurées, les terrains vagues, les ordures entassées un peu partout, tout dans cette cité plate, immense, monocolore, dégageait une impression d'abandon et de saleté. Les ordures et les détritus jonchaient même les rues du centre, une odeur pestilentielle montant de Sadr-City, le grand quartier chiite où les principales avenues étaient sou-

1. Agents chargés de placer des balises électroniques pour localiser des objectifs.

vent minées. De plus, la ville était semée d'îlots cernés de murs de béton, de sacs de sable, de barbelés, signalant les immeubles occupés par la Coalition. Dans Saadoun Street, jadis le centre commerçant, un mur de béton de six mètres de haut, renforcé par deux miradors, courait le long du trottoir, protégeant le *Bagdad Hotel* blotti au fond d'une impasse et réservé désormais aux représentants des compagnies américaines venues travailler en Irak.

Toutes ces précautions n'étaient pas inutiles : régulièrement, des voitures piégées conduites par des kamikazes venaient s'écraser sur ces forteresses de béton, tuant quelques passants. Des obus de mortier tombaient un peu au hasard dans la « zone verte » qui s'étendait au sud-est du Tigre sur des dizaines d'hectares, là où Saddam Hussein avait jadis érigé ses « palais », en réalité, de colossaux bâtiments aministratifs coupés de vastes espaces non bâtis.

L'Irak n'était pas occupé au sens habituel du terme. Les Américains se cantonnaient à certains points d'appui, dont le plus important était la fameuse « zone verte », englobant l'hôtel *Rachid*. Ils ne sortaient de là qu'en véhicules blindés ou en hélicoptère, pour des patrouilles qui se faisaient de plus en plus espacées. Presque chaque jour, elles étaient attaquées par des kamikazes ou victimes de charges explosives placées sur leur passage.

Les GI avaient l'interdiction formelle de se rendre en ville et n'en avaient d'ailleurs aucune envie.

Sur la rive nord du Tigre, une zone de sécurité avait été établie autour de l'*Hôtel Palestine* et du *Sheraton*, abritant des « chiens de guerre » et des Américains.

Dès la tombée de la nuit, toute vie s'arrêtait. Et même de jour, aucun endroit n'était vraiment sûr. Malko laissa son regard errer sur le Tigre. Un fleuve mort, sur lequel on ne voyait jamais aucune embarcation. Ses rives herbeuses le rétrécissait à un filet d'eau qui semblait figé.

Une explosion sourde dans le lointain fit légèrement trembler les vitres blindées. Malko échangea un regard avec Bruce Chaplin.

– Qu'est-ce que c'est ?

L'Américain eut un sourire résigné.

– On va le savoir très vite.

Effectivement, un des téléphones sonna quelques minutes plus tard et Bruce Chaplin annonça laconiquement :

– Une charge explosive sur la route de l'aéroport, au passage de trois Humwee [1]. Un mort, deux blessés chez nous, plus les civils.

Même le Premier ministre, Iyad Allaoui, se terrait dans la « zone verte », ne circulant que rarement dans Bagdad, en convoi blindé.

Malko grelottait. Il revint au sujet qui l'amenait.

– Comment l'Agence se retrouve-t-elle avec ce problème d'otages italiennes sur les bras ? L'Italie possède un bon service de renseignements, le Sismi.

– C'est vrai, approuva Bruce Chaplin, mais ils ne sont pas implantés à Bagdad. Silvio Berlusconi a téléphoné lui-même au président George W. Bush pour lui demander son aide, et c'est redescendu sur nous…

– Et sur moi ! souligna Malko.

L'Américain lui adressa un regard plutôt admiratif.

– Remerciez M. Frank Capistrano à la Maison Blanche. Apparemment, il vous tient en haute estime. C'est lui qui a suggéré votre nom. Ce qui nous a bien soulagé, d'ailleurs. Car ici, nous ne pouvons que sous-traiter. Impossible, quand on est américain, de sortir en ville sans prendre des risques énormes. Les journalistes de nos médias ne sortent plus de leurs hôtels et sous-traitent avec leurs *fixers* irakiens.

1. Jeep blindée.

– Vous êtes prêt à m'écouter ? lança Bruce Chaplin en réintégrant le bureau.

– Absolument, fit Malko, contraint de redescendre sur terre.

La voix posée du *senior officer* de la CIA dissipa définitivement son fantasme.

– J'ai prévu un logement *safe* pour vous, annonça-t-il. Vous allez pouvoir vous installer.

En effet, Malko était venu directement de l'aéroport au siège de la CIA. À son arrivée à Bagdad, après une descente en spirale serrée du Focker 28, à cause du risque des missiles sol-air de la « résistance », il avait pris, à la sortie du terminal, le bus pour le check-point n° 1, distant de cinq kilomètres. Les règles de sécurité étaient draconiennes. Aucun véhicule civil n'avait le droit de s'approcher de l'aérogare. Une zone immense interdite aux Irakiens isolait l'aéroport, patrouillée par des hélicos, jour et nuit, pour éviter les infiltrations. Au check-point n° 1, un carré de barbelés au milieu du désert, là où s'effectuait le transfert, Malko avait été accueilli par le chauffeur envoyé par la CIA, un certain Ahmed, au volant d'une vieille Chevrolet Caprice.

Celui-ci avait conduit Malko directement au *Al Saader*. Sur la route de l'aéroport, ils étaient passés devant la carcasse d'une voiture piégée encore fumante.

– Je ne loge pas à l'hôtel ? demanda Malko, un peu surpris, à l'Américain.

– Non, ils sont tous surveillés par les islamistes qui signalent tous les mouvements des étrangers. J'ai choisi une solution plus discrète et sûre. Un de nos « amis » possède une villa inhabitée tout près de l'ambassade des Pays-Bas, pas très loin d'ici. Le périmètre est complètement sécurisé, grâce à cette ambassade. Ahmed va vous conduire là-bas. Le gardien de la maison s'occupera de vous. Vous serez en sécurité.

– C'est parfait, reconnut Malko, mais qu'attendez-vous de moi ? La dernière fois que je suis venu ici, Saddam Hussein était encore au pouvoir… Je n'ai plus aucun contact et je ne parle pas arabe.

– Sur ce point, répliqua Bruce Chaplin, je pense qu'Ahmed pourra vous servir de chauffeur *et* de *fixer*. Il est malin et de nombreux membres de sa tribu travaillent pour nous.

– O.K., mais par quel bout commencer ?

L'Américain sourit.

– D'abord, laissez-moi vous donner le *background*. Les deux otages, Sophia Benini et Ornella Giro, sont des marginales un peu allumées. La première vit en Irak depuis dix ans, elle était *human shield*[1] pendant les bombardements, et a ensuite rejoint l'ONG où travaillait son amie.

– Pourquoi et par qui ont-elles été enlevées ?

– D'après nos sources, il s'agissait d'un enlèvement crapuleux, comme il y en a tous les jours en Irak. L'ambassadeur a eu le tort de ne pas faire appel à nous, mais à un Irakien proche de l'ambassade italienne, un certain Walid, ancien pilote de l'armée de l'air de Saddam, qui n'a pas très bonne réputation. C'est par lui qu'a transité une demande de rançon de huit millions de dollars. Un membre de l'ambassade italienne s'est rendu au rendez-vous pour remettre la rançon et récupérer les otages, mais lui et ceux qui l'accompagnaient ont été abattus et les ravisseurs ont gardé leurs otages. Et, quarante-huit heures après, l'ambassadeur d'Italie a reçu une revendication politique du groupe Tawhid wal-Jihad réclamant le départ des troupes italiennes d'Irak dans un délai de huit jours, faute de quoi les deux otages seront décapitées.

– Comment interprétez-vous cette séquence ?

Bruce Chaplin hocha la tête.

1. Bouclier humain.

– Je pense que le premier groupe, c'étaient des voyous qui ont revendu leurs otages à un groupe islamiste, avant ou après avoir touché la rançon. C'est déjà arrivé. Ce qui rend la solution beaucoup plus difficile : il ne suffira pas de payer. Affolé, Silvio Berlusconi a fait appel à son ami George W. Bush, qui s'est retourné vers nous. Politiquement, il ne peut pas céder, mais si ces deux otages sont exécutées, cela peut lui coûter très cher sur le plan intérieur. Cet ultimatum a été délivré aux Italiens il y a quarante-huit heures. Il nous reste donc six jours pour récupérer les otages.

– Où sont-elles ?

– Quelque part du côté de Fallouja mais nous ne sommes sûrs de rien. La Maison Blanche m'a demandé de tout tenter pour éviter un dénouement tragique.

Un ange passa, sa tête décapitée sous une aile. Silvio Berlusconi devait mal dormir.

– Il me faut un fil à tirer, objecta Malko. Même avec un interprète et un *safe home*.

– Bien sûr, admit Bruce Chaplin. Votre fil s'appelle l'imam Mehdi Al-Soumeidai, le porte-parole des salafistes, la faction la plus extrémiste de l'Islam. Il dirige la mosquée Ibn Taimiya, dans le quartier de Yarmouk. C'est un dur. Du temps de Saddam, il a été emprisonné 168 fois, et même condamné à mort. Nous l'avons arrêté le 1er janvier de cette année et il est resté à Abu Ghraib jusqu'au 6 juin. Il avait transformé sa mosquée en dépôt d'armes. Il nous hait.

– Il est impliqué dans cette prise d'otages ?

– Non, je ne pense pas, mais il a des contacts avec tous les groupes de la résistance à Fallouja. Dont celui qui retient ces deux Italiennes. Donc, vous allez lui rendre visite.

Suffoqué, Malko objecta :

– Vous venez de dire qu'il haissait les Américains.

– Bien sûr, mais c'est un pragmatique. Il se trouve

que la mosquée Ibn Taimiya est financée par un riche Saoudien que nous connaissons bien. Il nous serait possible de stopper ce financement. Nous avons fait passer le message à l'imam Al-Soumeidai. Il a donc intérêt à nous aider sur ce coup, s'il veut continuer à recevoir des fonds d'Arabie Saoudite.

– C'est en son pouvoir ?

– Il a beaucoup plus de poids que les oulémas, les islamistes « officiels » qui flirtent un peu avec le régime actuel. L'ambassadeur d'Italie a commis l'erreur d'aller demander leur aide, alors qu'ils n'ont pas de bons contacts avec la résistance. Mehdi Al-Soumeidai en a été profondément vexé. S'il peut ainsi affirmer son autorité, c'est tout bénéfice pour lui.

– Au fond, remarqua Malko, c'est un peu comme si vous demandiez à Oussama Bin Laden de vous donner un coup de main…

Bruce Chaplin ne sourit pas.

– C'est assez caricatural, mais pas totalement faux. Mais dites-vous qu'à côté de certains fous furieux, Al-Soumeidai est *presque* un modéré. Il n'approuve pas toutes les décapitations… Évidemment, il est pour la lapidation des femmes, la charia, l'amputation des voleurs et le retour à l'islam du VIIe siècle. Le mieux est d'aller le voir après la grande prière du vendredi, vers deux heures de l'après-midi. Avant cela, je vous ai pris rendez-vous, à midi, avec l'ambassadeur d'Italie. Il est au courant de l'initiative de Berlusconi, mais il est vexé. Alors, soyez diplomate. En attendant, Ahmed va vous emmener vous installer.

***

Une triple chicane gardée par un fortin de sacs de sable barrait la petite rue n° 38 menant à l'ambassade des Pays-Bas, elle-même protégée par d'énormes blocs de béton. Ahmed expliqua au responsable du check-point où ils allaient et on les laissa passer. La maison où devait loger Malko ne payait pas de mine. Une petite villa d'un étage à la façade marron, au fond d'un jardin, face au mur aveugle de l'ambassade des Pays-Bas. Au premier coup de sonnette, la porte s'ouvrit sur un petit Irakien à cheveux gris qui s'empara de la housse Vuitton de Malko, une main sur le cœur.

– *Salam aleykoum !*

– *Aleykoum salam !* répondit poliment Malko.

La conversation s'arrêta là : le gardien ne parlait qu'arabe.

– Il s'appelle Abed, et il est à votre service, annonça Ahmed.

L'intérieur de la maison était étonnant. À gauche, ce qui ressemblait à un cabinet dentaire abrité sous des bâches de plastique transparent et, à droite, une grande table couverte de vieux postes de radio des années 1940 !

– Abed s'amuse à les remettre en état, expliqua Ahmed. Ça le distrait. La maison n'est plus habitée depuis plus d'un an.

Abed monta les affaires de Malko au premier étage, dans une chambre plutôt spacieuse au plafond bas. La climatisation marchait, Dieu merci ! Il lui remit des clefs avec un sourire. Cela sentait la poussière et le moisi, mais, évidemment, c'était bien protégé. Dix minutes plus tard, Malko et Ahmed repartaient, passant devant une des rares églises de Bagdad.

– On va à l'ambassade d'Italie, annonça Malko.

– À propos, M. Bruce m'a donné quelque chose pour vous, annonça Ahmed.

C'était une boîte en carton que Malko ouvrit. Elle contenait un Glock 9 mm aux formes carrées et trois chargeurs.

Malko glissa l'arme dans sa pochette de cuir qui

contenait déjà son Thuraya et tenta de se repérer. Bagdad n'avait guère changé depuis son dernier passage. Toutes les boutiques étaient ouvertes, les gens se pressaient sur les trottoirs comme si de rien n'était. Ils croisèrent une patrouille américaine : trois Humwee équipés de tourelles rudimentaires pour leur mitrailleuse lourde. Leurs équipages, casqués, sanglés dans leur gilet pare-balles, paraissaient nerveux. Les voitures s'écartaient prudemment sur leur passage. Malko réalisa soudain ce qui avait changé : les statues et les portraits de Saddam Hussein, jadis omniprésents, avaient disparu... Par contre, l'étoile à huit branches, symbole du parti Baas, s'affichait encore partout. Bercé par le balancement de la vieille Chevrolet, il dut se forcer pour garder à l'esprit que la première des deux otages italiennes devait être décapitée dans six jours.

Cela ne lui laissait pas beaucoup de temps.

CHAPITRE IV

C'était un jour ordinaire à Bagdad.

La Chevrolet Caprice se traînait à trente à l'heure, engluée dans la circulation intense du Khalid-Bin-Al Walid Expressway, l'autoroute urbaine traversant Bagdad d'est en ouest, au nord du Tigre.

À sa droite, au-dessus de Sadr-City, Malko repéra deux points noirs dans le ciel bleu. Deux chasseurs F-16 accomplirent une courbe gracieuse avant de plonger vers une position des miliciens de l'Armée du Mahdi de Moqtada Al-Sadr, lâchant leurs roquettes afin d'aider les troupes US au sol. Depuis la nuit précédente, des combats violents faisaient rage pour le contrôle d'un point d'appui, en plein cœur du quartier chiite de Bagdad. À à peine trois kilomètres de l'expressway. Blasés, les occupants des voitures ne regardaient même plus.

Ahmed, le chauffeur, se retourna, hilare.

– Il paraît qu'ils ont maintenant des canons offerts par les Iraniens.

Effectivement, les traits lumineux d'obus traçants montaient rageusement vers les F-16 qui s'éloignèrent vers le nord et disparurent au-dessus du Monument aux Martyrs érigé jadis par Saddam Hussein, deux énormes demi-bulbes en mosaïque, désormais délaissés.

– Nous sommes encore loin ? demanda Malko.

Cela faisait plus d'une demi-heure qu'ils se traînaient sur le Khalid-Bin-Al-Walid Expressway.

– La nouvelle ambassade d'Italie est à Wasiriya, très à l'ouest, précisa Ahmed. Encore un quart d'heure, *inch'Allah*.

C'est-à-dire si une voiture piégée n'explosait pas dans le coin, ce qui impliquait le bouclage d'une immense zone pour un temps indéterminé. Malko tourna la tête vers la gauche, le sud-ouest de Bagdad, de l'autre côté du Tigre. Une épaisse colonne de fumée noire montait du côté de l'hôtel *Mansour*. Une demi-heure plus tôt, une Toyota conduite par un kamikaze avait explosé en face d'un poste de police de Haiffa Street, où une cinquantaine de jeunes Irakiens faméliques et chômeurs faisaient la queue, espérant décrocher un job dans la nouvelle police. Deux cents dollars par mois, c'était une fortune dans ce pays où le chômage atteignait 50 % de la population. La radio annonçait un bilan provisoire de quatorze morts et une trentaine de blessés. Tous Irakiens. Des traîtres, aux yeux des islamistes radicaux des différents groupes de résistance, qui interdisaient toute collaboration avec la coalition ou le gouvernement Allaoui.

Un imam de Fallouja avait même émis une *fatwa* décrétant qu'il fallait décapiter sur-le-champ tous les Irakiens servant de chauffeur ou d'interprète aux étrangers...

Malko sursauta. Dans un grondement assourdissant, un hélicoptère Blackhawk venait de passer au-dessus d'eux, volant à vingt mètres du sol, suivi de son frère jumeau. Le marchand d'essence au marché noir installé sur le bord de l'expressway avec ses jerrycans ne leva même pas la tête, occupé à servir un client. Comme il y avait la queue dans les stations d'essence de ce pays regorgeant de pétrole comme une éponge, ceux qui en avaient les moyens préféraient payer 5 000 dinars [1] pour vingt litres afin de gagner du temps.

Les deux Blackhawk s'éloignaient vers la colonne de fumée. Jour et nuit, les hélicos américains patrouillaient, à basse altitude, cherchant à repérer des activités suspectes ou se ruant au secours d'une patrouille attaquée. Des dizaines tournaient ainsi sans fin au-dessus de Bagdad. Sans parler des drones invisibles, scrutant eux aussi le terrain.

Pour débusquer les petits groupes de l'Armée du Mahdi à Sadr-City, les Américains utilisaient parfois des Apache qui servaient alors d'appât pour activer les tirs des rebelles chiites. Ce qui permettait de les repérer et de les écraser sous un déluge de feu. Action d'ailleurs totalement inutile : Sadr-City pullulait de jeunes analphabètes fanatisés par leurs chefs religieux, et prêts à mourir en martyrs. Quant aux Kalach, leur armement de base, on les ramassait à la pelle.

Une explosion sourde fit trembler les glaces de la vieille Chevrolet, suivie aussitôt d'une seconde colonne de fumée vers l'ouest. Ahmed haussa le son de la radio et, quelques instants plus tard, annonça avec une délectation visible :

– Un kamikaze vient d'attaquer un convoi de Bradley. Il en a détruit un. Il y a plusieurs Américains tués.

Il jubilait. Tout en étant grassement rétribué par la CIA, comme un certain nombre de membres de sa tribu. Les Américains avaient été si maladroits que les Irakiens en étaient arrivés à oublier les horreurs de la dictature de Saddam Hussein pour ne plus haïr que les occupants... Il faut dire que les « dégâts collatéraux » humains se comptaient par centaines. Pris dans une embuscade, les équipages des Bradley ou des Humwee n'hésitaient jamais à tirer dans la foule pour

1. Environ 10 euros.

se dégager. Parfois à la mitrailleuse lourde. Pas formés à cette guérilla urbaine, les GI vivaient dans la terreur.

Malko se laissa aller sur son siège. La Chevrolet avançait à une allure d'escargot... Devant eux roulait un camion immatriculé à Dubai, chargé de postes de télévision. En dépit de l'anarchie totale, les Irakiens étaient pris d'une frénésie de consommation et se ruaient sur tous les produits importés. Peu à peu, ils s'étaient habitués, ou plutôt résignés, au désordre, et la vie continuait comme si de rien n'était, au milieu des explosions de voitures piégées, des kidnappings, des attaques de « résistants » et des bombardements américains. La police ne contrôlait plus rien, trop occupée à se protéger elle-même. Corrompue, terrifiée et mal armée, elle était la cible des fanatiques à longueur de journée. Les Américains, eux, se contentaient de parcourir la ville dans leurs blindés, sans jamais en descendre. Quant à la nouvelle Garde nationale, elle était invisible... Il ne restait que les milliers de « chiens de guerre » accourus des quatre coins du monde pour risquer leur tête pour 20 000 dollars par mois. Eux, armés jusqu'aux dents, gardaient les lieux stratégiques ou parcouraient la ville dans leurs 4 × 4 blindés.

Des morts en sursis.

La Chevrolet s'engagea enfin dans une rampe, quittant l'expressway pour déboucher dans une grande avenue rectiligne, l'avenue du Maghreb, semblable aux autres artères, avec ses terrains vagues, ses immeubles détruits ou abandonnés, ses tas d'ordures et ses commerçants en plein air. Pas vraiment un quartier pour une ambassade. Pourtant, Ahmed annonça, quelques instants plus tard :

– Voilà l'ambassade d'Italie.

Malko ne vit d'abord qu'une rangée de modestes boutiques surmontées d'un toit plat où les canons de diverses armes surgissaient de murs de sacs de sable...

Quelques mètres plus loin, d'autres murailles de sacs de sable et de merlons en béton, surmontées de barbelés et de deux miradors, défendaient un périmètre rappelant Fort Alamo. Une douzaine de gardes irakiens, armés de Kalach, matérialisaient la première ligne de défense. Rassurés par les cheveux blonds de Malko, ils le laissèrent accéder au premier check-point... Encore des Irakiens. Il dut ensuite serpenter entre des tranchées de sacs de sable, recouvertes de filets anti-grenades, pour parvenir au second check-point, où il put préciser ce qu'il voulait.

– J'ai rendez-vous avec l'ambassadeur Lorenzo Modino, annonça-t-il.

Il dut franchir un portail magnétique, fut fouillé et atterrit dans un troisième check-point, encore plus protégé, où il poireauta dix minutes. Jusqu'à ce que se produise une apparition à couper le souffle. Une ravissante jeune femme à la grosse bouche rouge, la tête couverte d'un léger foulard blanc, vêtue d'une longue tunique rouge moulante et d'une jupe noire descendant jusqu'aux chevilles. Elle tendit à Malko une main aux ongles rouge sang.

– Bonjour, je suis Souab Nakim, la secrétaire de M. l'ambassadeur. Il vous attend.

Elle évoluait dans un nuage de parfum, totalement décalée par rapport au décor plutôt rugueux : une houri descendue du ciel. Malko traversa avec elle un jardin où veillaient des gardes de sécurité italiens, certains en uniforme, d'autres en civil. Souab Nakim hâta le pas.

– Il y a parfois des obus de mortier qui tombent ici, expliqua-t-elle.

Nouvelle muraille de sacs de sable. L'ambassade était un grand bâtiment vieillot, en mauvais état, avec des plafonds très hauts et des murs dont la peinture s'écaillait.

Malko suivit d'un regard intéressé les hanches de la

jeune femme qui se balançaient devant lui, en montant l'escalier monumental. Elle s'effaça pour le faire entrer dans un grand salon décrépit, avec, à l'arabe, des rangées de chaises et de canapés le long des murs.

Dans un coin, assis derrière un bureau, un Irakien corpulent, affublé d'une grosse moustache à la Saddam, fumait un cigare en parlant dans son portable. Il regarda à peine Malko. Une porte s'ouvrit sur une silhouette fluette : un homme mince, qui avait été blond, portant une fine moustache et un petit bouc, vêtu d'un costume très bien coupé. Il s'avança vers Malko, la main tendue, avec un sourire légèrement crispé.

– Bonjour, monsieur Linge, je suis l'ambassadeur Lorenzo Modino.

Malko lui serra la main, étonné par sa froideur, et se contenta de remarquer :

– Votre ambassade est un véritable bunker.

L'ambassadeur soupira.

– Oh, c'est indispensable. Nous ne pouvons même pas sortir en ville. Mon ministère m'interdit de quitter mon ambassade. Je me suis fait aménager une chambre au second.

– Mais comment faites-vous pour les contacts ? s'étonna Malko.

Le diplomate se tourna vers le moustachu au cigare qui avait cessé de téléphoner.

– C'est Walid qui s'en charge. Il connaît beaucoup de monde et m'est précieux. C'est lui qui m'assiste dans cette pénible affaire depuis le début…

Malko tiqua. D'après Bruce Chaplin, les performances de Walid avaient surtout servi à perdre huit millions de dollars et cinq vies humaines…

– Walid, continua l'ambassadeur, M. Malko Linge est envoyé par nos amis de l'hôtel *Al Saader* pour évaluer la situation. Vous pourrez le mettre au courant, ajouta-t-il, un peu condescendant.

Walid posa son cigare, tendit une grosse main grasse à Malko et dit avec un sourire mielleux :

– Bienvenu à Bagdad, Mister Linge. Nous espérons bientôt obtenir une issue favorable à cette pénible affaire. Je m'y emploie activement. J'attends d'ailleurs une confirmation de la libération de ces deux citoyennes italiennes. Des jeunes femmes admirables…

Souab Nakim passa la tête par la porte et lança :

– Vous avez M. l'ambassadeur Negroponte sur la deux, monsieur l'ambassadeur.

Au regard humide de lubricité que lui jeta Walid, Malko comprit que le cigare n'était pas son unique vice. Il suivit l'ambassadeur dans son bureau. Impassible, Souab Nakim attendait devant le téléphone décroché. Elle décocha à Malko un regard brûlant avant de s'éclipser… La conversation avec John Negroponte fut brève et l'ambassadeur d'Italie prit place dans son fauteuil, invitant Malko à s'asseoir.

– Je remercie M. Chaplin de son offre, fit-il d'un ton plutôt sec, mais je lui avais déjà précisé que nous n'avons pas demandé son aide. Même si elle se matérialise par la venue d'un homme de votre qualité.

Le diplomate reprenait le dessus. Malko sentait son interlocuteur tendu, à bout de nerfs. Son portable sonna et il répondit, coupant aussitôt, d'un geste agacé.

Malko prit sur lui de sourire.

– C'est une affaire très difficile, remarqua-t-il, où tout le monde doit coopérer.

L'ambassadeur approuva de mauvaise grâce.

– Certes, mais j'ai reçu des instructions très claires de mon ministre : cette affaire *doit* être gérée par nous. Il en va de notre honneur national. Votre venue n'était pas souhaitée, en dépit du plaisir que j'ai à vous rencontrer. Je possède mes propres canaux et j'ai bon espoir de parvenir rapidement à un dénouement heureux. J'attends une confirmation d'un instant à l'autre.

– Quels sont vos canaux ? ne put s'empêcher de demander Malko.

– Walid, l'homme que vous avez vu. Il travaille avec notre ambassade depuis longtemps, bien avant la guerre.

– C'est lui qui a organisé la première opération, remarqua perfidement Malko.

L'ambassadeur tira nerveusement sur sa barbiche.

– Oui, mais il y a eu des interférences qui ont fait échouer la libération de nos deux compatriotes. Ce problème est désormais aplani.

– Vous savez qui détient vos otages ?

– Oui, le groupe Tawhid wal-Jihad, dirigé, semble-t-il, par un ancien du Moukhabarat[1] militaire de Saddam, le colonel Mohamed Al-Janabi. Walid le connaît *personnellement*.

Il avait à dessein souligné le dernier mot. Malko ne pipa mot.

– Où se trouve ce Mohamed Al-Janabi ?

– À Fallouja.

La ville de Fallouja, qui comptait près de 300 000 habitants, située à quarante kilomètres au nord-ouest de Bagdad, était devenue un petit Afghanistan, fief de tous les groupes islamistes radicaux en lutte contre la coalition. Les Américains ne pouvaient plus y pénétrer et la bombardaient régulièrement. Elle se serait trouvée sur la planète Mars qu'elle n'eût pas été plus éloignée. Depuis des mois, aucun étranger ne s'y risquait plus.

– Avez-vous pu obtenir des informations sur le lieu où sont détenues les otages ? insista Malko.

L'ambassadeur ne dissimulait plus son agacement.

1. Service de renseignements.

Il décida de mettre fin aux interrogations de Malko en frappant un grand coup.

– Monsieur Linge, je vais vous prouver que je maîtrise parfaitement ce dossier.

Il appuya sur l'interphone et lança :

– Souab, pouvez-vous dire à Walid de venir me voir, avec son ami ?

Satisfait, il attendit en caressant son maigre petit bouc. La porte s'ouvrit sur Walid accompagné d'un Arabe au visage chafouin, vêtu d'un polo à larges bandes vertes et blanches, le visage barré de l'habituelle moustache. Ses paupières étaient si tombantes qu'on avait l'impresion qu'il fermait les yeux. L'ambassadeur le fixa pourtant comme si c'était la Vénus de Milo.

– Monsieur Linge, dit-il, Iyad, qui a longtemps travaillé pour vos amis de l'hôtel *Al Saader*, s'occupe de ce dossier. Il part tout à l'heure à Fallouja où il a de la famille, et également le contact avec le groupe qui retient nos deux compatriotes. Je lui ai remis une lettre *officielle* précisant la position de mon gouvernement. Sur ces bases, je pense que nous allons parvenir à une solution rapide et satisfaisante. (Il eut un petit rire sec.) Dès que ces deux jeunes femmes seront ici, je les mets dans le premier avion pour l'Italie.

Malko n'en croyait pas ses oreilles. L'ambassadeur d'Italie semblait oublier un menu détail.

– Votre gouvernement s'engage à retirer ses troupes d'Irak ? demanda-t-il innocemment.

Lorenzo Modino sursauta.

– Bien sûr que non ! J'explique seulement l'image négative que donnerait la résistance irakienne en exécutant ces deux innocentes. De plus, je leur annonce que je suis prêt à un geste humanitaire en leur faveur, comme une livraison de médicaments. Et même un peu d'argent.

Malko s'abstint de répondre : il aurait été grossier. Très satisfait de lui, le diplomate congédia d'un geste discret les deux Irakiens et conclut :

– Vous comprenez que je ne veux pas « polluer » ce contact par une action inconsidérée.

– Bien sûr, reconnut Malko, mais l'ultimatum de ce groupe expire dans six jours.

– D'ici là, Iyad sera revenu de Fallouja avec nos otages, affirma l'ambassadeur. Et je serai heureux de vous inviter à une petite fête pour leur libération.

– Je vous en remercie, dit Malko.

Dans cet environnement, le côté mondain de l'ambassadeur choquait un peu. Il y eut un silence pesant, rompu par le grondement d'un hélico passant au-dessus de l'ambassade. L'Italien regarda ostensiblement sa montre. Malko était un peu désarçonné par cet accueil réfrigérant.

– Je ne peux donc vous aider en rien ? conclut-il.

La réponse tomba comme un couperet, adoucie par un sourire.

– En rien. Il ne faut pas « polluer » l'opération en cours. À quel hôtel êtes-vous descendu ?

– Je n'ai pas encore eu le temps de m'installer, mentit Malko.

– Allez donc au *Rimal*, conseilla le diplomate.

Un petit établissement où les derniers journalistes italiens vivaient retranchés derrière des murailles de ciment et une flopée de gardes.

L'ambassadeur se leva, imité par Malko, qui se demandait s'il n'allait pas reprendre le premier avion pour Amman.

La belle Souab Nakim surgit pour le raccompagner. De nouveau, Malko put admirer le balancement des hanches de la secrétaire de l'ambassadeur. La longue et sage jupe noire moulait une croupe pleine et cambrée. Arrivée au check-point, la jeune femme se retourna, le fixa d'un regard assuré et dit :

– J'espère que votre séjour à Bagdad va bien se passer. Faites attention.

– Vous êtes bagdadie ? demanda-t-il.

– Non, beyrouthine. J'habite normalement Dubai où je travaille à l'ambassade italienne. On m'a demandé de venir ici car aucune Irakienne ne voulait le faire, pour donner un coup de main, mais ce n'est pas très drôle.

– Où habitez-vous ?

– Au *Rimal*. C'est un peu une prison, mais on s'y sent en sécurité.

– Moi, je suis chez des amis. (Il sourit.) Je ne sais pas si je resterai longtemps. M. l'ambassadeur a l'air de se débrouiller très bien.

Le regard de la jeune femme s'assombrit.

– Je ne partage pas toujours son optimisme. Il fait trop confiance à Walid.

– Ah bon ! Il a l'air pourtant sérieux.

Souab Nakim eut une moue méprisante.

– Il ne pense qu'à l'argent. C'est un sale type.

– Son ami Iyad connaît vraiment les preneurs d'otages ?

Souab Nakim eut un sourire entendu.

– Il le dit.

De toute évidence, elle ne partageait pas les certitudes de l'ambassadeur. Malko lui jeta un regard où il essaya de concentrer tout le charme de ses yeux d'or.

– J'aimerais bien discuter de tout cela avec vous.

– Avec plaisir, mais il ne faudra rien dire à l'ambassadeur. Venez ce soir au *Rimal*.

– Quelle chambre avez-vous ? demanda Malko.

– 504.

Il se retrouva dans les boyaux de sacs de sable et la chaleur lui tomba dessus d'un coup. Il faisait un bon

40 °C. Ahmed faisait les cent pas devant la Chevrolet Caprice transformée en fournaise. Lorsqu'ils eurent démarré, Malko demanda :

– Où se trouve la mosquée Ibn Taimiya ?

– À Yarmouk, au sud de la ville.

– *Yallah*[1] *!* fit simplement Malko. Je veux rencontrer l'imam Mehdi Al-Soumeidai.

– Vous parlez arabe ?

Ahmed se retourna, souriant.

– Non. Juste quelques mots.

De nouveau, ils roulaient sur l'expressway, vers l'est. Malko changea brusquement d'avis.

– Repassons au *Al Saader*, demanda-t-il, avant d'aller à la mosquée.

Il voulait quand même vérifier avec Bruce Chaplin les certitudes de l'ambassadeur.

*
* *

– Ce cher ambassadeur se fait « enfumer », laissa tomber le *senior officer* de la CIA. Je connais bien ce Iyad. J'ai dû me séparer de lui pour des raisons très sérieuses. C'est un Irakien qui vivait en Égypte où il a été recruté par l'Agence. Il a eu un contrat de « spotter » pour aller marquer des objectifs là où cela nous était impossible.

– Comme à Belgrade durant les bombardements de l'OTAN, en 1999 ?

– Tout à fait.

Durant les bombardements de la Serbie, Britanniques et Américains avaient utilisé des agents qui devaient planter des balises électroniques sur les objectifs à bombarder, permettant ainsi de viser à coup sûr. L'un d'entre eux avait été retourné et cela avait

1. Allez !

provoqué le scandale de l'ambassade de Chine, criblée de missiles américains…

– Iyad, qui a de la famille à Fallouja, s'y est rendu plusieurs fois pour nous, continua Bruce Chaplin. Comme « spotter ». Bien entendu, nous avons frappé les cibles qu'il avait désignées grâce à ses émetteurs. Seulement, nous nous sommes rendu compte que, pour ne pas prendre de risques, il ne s'approchait pas des lieux tenus par les islamistes et plantait ses bidules au hasard, chez des civils. D'où quelques sanglantes bavures qui n'ont pas augmenté notre popularité chez les habitants de Fallouja.

Belle litote.

Avec un individu aussi consciencieux, l'ambassadeur d'Italie était bien parti.

– Donc, conclut Malko, il y a peu de chances qu'il puisse ramener les otages ?

– Autant de chances que moi de faire fortune dans ce pays de merde… C'est bien pour cela que je compte sur vous.

– Je me présente comment auprès de cet imam ?

– Vous n'êtes pas américain, c'est le principal. Même s'il se doute bien que vous avez des liens avec nous. Disons que vous êtes un « facilitateur ». Il sera flatté, de toute façon, qu'on fasse appel à lui.

***

Cette fois, ils roulaient à toute vitesse sur le Dora Expressway, qui contournait Bagdad par l'est, rejoignant, au sud, la route de l'aéroport. Saddam Hussein avait construit tout un réseau d'autoroutes urbaines qui permettaient de contourner facilement la ville.

Sur cet expressway désert, Malko ne se sentait pas trop tranquille. À la merci d'un kidnapping, en dépit du Glock et du pistolet du chauffeur, un Beretta 92 caché dans la boîte à gants. Ces deux armes de poing étaient plus un réconfort moral qu'autre chose. Quand ils attaquaient, les terroristes étaient généralement une douzaine, armés de Kalachnikov. Et n'hésitaient jamais à tirer. Le chauffeur de trois businessmen libanais que l'on cherchait à kidnapper en plein jour avait involontairement causé la mort de ses clients et la sienne, en sortant un pistolet pour les défendre. Froidement, les kidnappeurs avaient abattu les quatre personnes.

Après avoir contourné Bagdad, ils remontaient maintenant vers le nord, arrivant à un important nœud d'autoroutes où se rejoignaient le Dora Expressway, le Qadidiya Expressway, descendant du centre ville, et Airport Road, filant vers l'ouest. Ahmed désigna à Malko une grande mosquée en contrebas de l'enchevêtrement des voies rapides. Dotée de deux fins minarets ressemblant à des fusées, elle était entourée d'un grand parc ceint de grilles.

Ahmed arrêta la Chevrolet en face de la grille ouverte, qui vomissait un flot de véhicules. Les fidèles repartaient après la grande prière du vendredi.

À l'entrée, deux miliciens filtraient les visiteurs, l'un armé d'un pistolet, l'autre d'une Kalach. Ahmed expliqua qu'ils venaient rendre visite à l'imam et on les laissa entrer à pied. Une sorte de roulotte abritait les gardes de la mosquée, tout de suite après l'entrée.

Ils grimpèrent les marches menant à la salle de prière et y pénétrèrent après s'être déchaussés. L'intérieur était sombre et frais. Malko regarda autour de lui et repéra un homme de haute taille, coiffé d'un turban blanc, entouré d'un groupe de fidèles.

L'imam Mehdi Al-Soumeidai.

– Je vais lui demander s'il accepte de nous recevoir, chuchota Ahmed.

Malko le vit se faufiler à travers le cercle des fidèles

et aborder l'imam en lui baisant d'abord l'épaule, en signe de respect. Ils échangèrent quelques mots, après quoi Ahmed revint vers Malko et dit :

– Dès qu'il aura terminé avec ses visiteurs, il vous recevra quelques minutes. Je lui ai dit que vous travaillez pour l'ambassade d'Italie.

Stricto sensu, c'était exact.

Malko attendit sagement près de l'entrée. Dix minutes plus tard, l'imam lui adressa un signe imperceptible. Ironie du destin, le sort des otages italiennes dépendait peut-être d'un énnemi déclaré de l'Amérique.

CHAPITRE V

Ils patientèrent à l'écart tandis que l'imam, debout au milieu de la mosquée, le visage sévère sous son turban immaculé, finissait d'écouter ses visiteurs. Avec sa longue barbe poivre et sel, il ressemblait vaguement à Oussama Bin Laden. Ahmed se pencha à l'oreille de Malko, désignant un recoin, tout au fond de la grande salle, où on distinguait plusieurs formes allongées à même les tapis de sol.

– Ce sont des pèlerins de passage qui dorment ici et sont nourris pendant quelques jours. Les Américains étaient très en colère parce que l'imam a accueilli aussi des djihadistes étrangers en route pour Fallouja.

Et c'est à lui que Malko venait demander d'intercéder pour les deux otages italiennes…

L'imam continuait à pérorer. Un barbu au visage émacié, en longue robe blanche, s'approcha et les conduisit au premier étage. Une vaste pièce au très haut plafond, pratiquement vide à l'exception d'une table et de quatre chaises alignées en rang d'oignons. C'est là que l'imam Al-Soumeidai recevait ses visiteurs de marque. Il les rejoignit quelques minutes plus tard et prit place à côté de Malko. Celui-ci, par l'intermédiaire d'Ahmed, expliqua qu'il avait été envoyé en Irak à la demande du gouvernement italien pour tenter de dénouer la crise des deux otages. Mais qu'il ne passait pas par l'ambassade.

L'imam écoutait, impassible, faisant glisser entre ses doigts son *sehba*[1], répétant à chaque grain le nom de Dieu. Silencieusement. Le barbu au visage émacié se joignit à eux, sans ouvrir la bouche.

– Pourquoi êtes-vous venu me voir ? demanda l'imam.

C'était le moment de la pommade.

– Je pense que les autorités italiennes ne vous ont pas accordé assez d'importance, avança Malko. C'est pourquoi je suis venu vous demander conseil, plutôt qu'aux oulémas.

Une lueur ravie éclaira fugitivement les yeux sombres du porte-parole des salafistes. Il se lança dans une longue tirade traduite au fur et à mesure par Ahmed.

– Les oulémas n'ont pas de contact avec la résistance. Moi, je suis resté six mois emprisonné à Abu Ghraib dans des conditions humiliantes, parce que j'avais entreposé des armes dans cette mosquée. Les Américains sont nos ennemis, ils veulent nous détruire. J'étais prêt à intervenir dans cette affaire, je l'ai fait savoir, mais les gens de l'ambassade d'Italie m'ont méprisé…

Malko écoutait sa diatribe véhémente. C'était amusant de penser que l'imam savait parfaitement qu'il parlait à un représentant de ces Américains haïs…

Il profita d'un moment de silence pour répliquer :

– Je suis très inquiet car ceux qui détiennent les deux Italiennes ont menacé de les exécuter. Leur ultimatum expire dans six jours.

L'imam écouta la traduction d'Ahmed, la tête bais-

1. Sorte de chapelet.

sée, le regard dans le vide. Puis il fit une réponse très brève.

– Il nous invite à partager son repas, traduisit Ahmed.

Ce n'était pas exactement la réponse qu'attendait Malko, mais cette invitation était plutôt de bon augure.

*
* *

L'imam avait troqué son beau turban blanc pour une simple calotte tricotée et ils s'étaient installés à une petite table au milieu de la salle. La quatrième chaise était occupée par le barbu émacié qui s'appelait Amin et avait partagé la cellule de l'imam à Abu Ghraib. Les deux hommes semblaient très proches. Le déjeuner était spartiate : du riz, quelques concombres, des galettes molles et une demi-tête de mouton dont les dents découvertes semblaient sourire... Medhi Al-Soumeidai entreprit avec une petite cuillère d'arracher au crâne du mouton quelques débris de viande qu'il ajouta au riz. Bien entendu, il n'y avait ni couteau ni fourchette. On se servait de morceaux de galette pour prendre le riz et la viande. Malko commença donc à manger avec ses doigts, retenant un fou rire en pensant aux somptueux dîners du château de Liezen. L'imam l'observait et semblait moins farouche. Il fit soudain une réflexion qui fit sourire Ahmed.

– Vous mangez uniquement de la main droite, comme un musulman. C'est bien. Vous devriez vous convertir à l'islam...

Malko s'abstint de lui livrer le fond de sa pensée : l'islam n'était définitivement pas soluble dans la civilisation. Le repas terminé, ils se lavèrent les mains, avec l'eau d'un petit pichet tenu par un serviteur, et passèrent dans le bureau de l'imam. Une pièce spacieuse rectangulaire, des rangées de canapés le long des murs, une télé et une bibliothèque vide de livres. On apporta du thé et Malko se jeta à l'eau.

– L'imam peut-il m'aider à sauver ces deux femmes ? fit-il demander au religieux par Ahmed.

La réponse fut très longue et, à la grande surprise de Malko, c'est Amin, le barbu émacié, qui la lui délivra dans un anglais convenable !

– C'est un devoir sacré d'égorger les soldats de la coalition, commença-t-il, mais l'imam pense qu'il faut épargner les femmes.

– Peut-il influencer ceux qui les détiennent ? demanda aussitôt Malko.

Nouvelle tirade, traduite par Amin.

– Pour le moment, il ne s'agit que d'une menace. Les combattants qui les détiennent sont très respectueux des règles de notre religion. Ils ne peuvent les exécuter qu'après condamnation d'un tribunal islamique. Évidemment, si le gouvernement refuse la proposition honnête qui lui a été faite, le tribunal islamique se réunira et se prononcera.

– Est-ce que l'imam connaît ces gens ? Pourrait-il implorer leur clémence ?

Amin traduisit et Mehdi Al-Soumeidai se lança dans une tirade recrachée par Amin :

– Ces résistants ne sont pas tous des religieux et ne lui obéissent pas. Cependant, il a de bonnes relations avec l'imam qui est le protecteur de tous les groupes de la résistance à Fallouja, Abdallah Al-Janabi. Il est très respecté et pourra peut-être intervenir. Notre imam entrera en contact avec lui. Si vous me laissez un numéro de téléphone, je vous tiendrai au courant.

– Vous savez qu'il s'agit d'une question de jours, insista Malko, en anglais, à l'intention d'Amin.

– Je le sais, confirma l'interprète, sans autre commentaire.

Mehdi Al-Soumeidai se leva, signifiant la fin de

l'entretien. Un petit gosse traînait dans le bureau et, en riant, il lui expédia un coup de son pied nu, pour l'en chasser. Lorsqu'ils se retrouvèrent dans le parc de la mosquée, Ahmed remarqua :

– Je ne pensais pas qu'il nous inviterait à déjeuner. Il reçoit très peu d'étrangers. Vous avez dû lui être sympathique.

C'étaient plutôt les dollars de son sponsor saoudien qui lui étaient sympathiques. Malko reprit place dans la Chevrolet transformée en four, avec l'impression d'avoir jeté une bouteille à la mer. Une visite peut-être utile pour un résultat hautement incertain.

Ahmed remonta sur le Dora Expressway pour contourner la ville par l'est. Soudain, Malko remarqua un taxi en train de les doubler. Arrivé à leur hauteur, il sembla se raviser et se laissa dépasser. Un homme assis à côté du chauffeur lança un long regard dans leur direction. Intrigué, Malko se retourna quelques minutes plus tard et son pouls grimpa brusquement. Le taxi roulait derrière eux.

– J'ai l'impression que nous sommes suivis ! lança-t-il à Ahmed.

À Bagdad, ce n'était pas bon signe. Sans même répondre, le chauffeur se pencha, ouvrit la boîte à gants et y prit le Beretta 92 qu'il posa à côté de lui, avant de regarder dans le rétroviseur.

– Où voulez-vous aller maintenant ? demanda-t-il.

Malko n'avait pas envie de mener ses suiveurs jusqu'à sa planque de la rue n° 38.

– À l'*Hôtel Palestine*, décida-t-il.

Une bonne façon de vérifier sans risque s'il s'agissait vraiment d'une filature. Le bloc contenant le *Palestine* et le *Sheraton*, entre Saadoun Street et le quai Abu-Nawas, était complètement sécurisé. Même les piétons arrivant de Saadoun Street et désirant longer le mur extérieur du *Palestine* étaient fouillés. Côté

Abu-Nawas, un mur de béton de six mètres de haut, courant sur plusieurs centaines de mètres, isolait les deux hôtels de la berge du fleuve. Les entrepreneurs de travaux publics devaient faire fortune. Le check-point filtrant les visiteurs des deux hôtels se trouvait presque sur le quai Abu-Nawas. Lorsque la Chevrolet tourna autour du rond-point de la place Firdos, le taxi avait disparu, bien qu'il les ait suivis jusqu'à la sortie du Khalid-Bin-Al-Walid Expressway. Malko décida quand même de s'arrêter au *Palestine*. De toute façon, à part rendre compte de sa visite à l'imam à Bruce Chaplin, il n'avait rien à faire jusqu'au soir.

Pour lui éviter de marcher, Ahmed amena la voiture au fond d'une petite rue défoncée reliant Saadoun Street au quai Abu-Nawas, le long de l'hôtel *Al Fanar*, modeste établissement où séjournaient jadis les « humanoïdes » [1] et les journalistes pauvres [2]. Une fosse énorme s'ouvrait le long du mur du *Al Fanar*. On avait démoli un vieil immeuble, sans rien reconstruire à la place.

Alors qu'il longeait le *Al Fanar*, Malko se heurta presque à une grande blonde aux abondants cheveux frisés, au nez busqué, avec une grosse poitrine serrée dans un T-shirt blanc pas très net et un pantalon noir. Elle s'arrêta, les sourcils froncés.

– C'est moi que vous cherchez ?

– Non, fit Malko. Pourquoi ?

– J'attends un type de Radio Canada, mais j'ai l'impression de vous connaître. Vous n'avez jamais habité au *Al Fanar* ?

– Non, mais j'y étais souvent avant la guerre.

– C'est là que je vous ai vu !

Elle lui tendit la main.

1. Les humanitaires.
2. Voir SAS n° 150, *Bagdad Express*.

– Je m'appelle Solveig. Je suis finlandaise et journaliste free-lance. Et vous ?

– Malko Linge. Je suis autrichien et je travaille pour une boîte privée qui rénove le secteur bancaire.

– Vous êtes à quel hôtel ?

– Pas à l'hôtel. Dans une villa.

La Finlandaise fit la grimace.

– Dangereux. On risque de se faire kidnapper, dans une villa. Passez prendre un verre, à l'occasion, je suis chambre 420. O.K., je file, j'ai un « plateau » au *Palestine*.

Elle s'éloigna à grandes enjambées, se retournant pour lancer :

– Essayez d'apporter de l'alcool, il n'y en a plus au *Al Fanar*, avec ces cons d'islamistes.

Malko la regarda s'éloigner, séduit par son exubérance. Impossible de se souvenir d'elle. À son tour, il franchit le check-point du *Palestine*, tenu mollement par des supplétifs irakiens. Un peu plus loin, un soldat américain, casqué, engoncé dans son gilet pare-balles, son M-16 posé à côté de lui, bavardait avec une jeune Irakienne plutôt mignonne. La discipline se relâchait.

L'intérieur du *Palestine* était aussi sinistre que sa façade marron. Un *lobby* vide, des canapés marron, cela sentait l'abandon et la fin de règne. De temps en temps, une roquette tombait sur le *Palestine*, déserté par la plupart des journalistes, mais cela n'expliquait pas tout. Malko en ressortit déprimé. Le *Al Saader* était à deux pas et il avait presque envie de s'y rendre à pied, mais c'eût été prendre un risque inutile.

***

Ahmed arrêta la Chevrolet devant l'hôtel *Rimal*. On aurait dit un fort de la Légion étrangère : des blocs de béton, des sacs de sable, un mirador d'où pointait une mitrailleuse lourde. Malko dut passer trois barrages successifs avant de se retrouver dans le petit hall du *Rimal*, coquet et vide.

– Mlle Souab Nakim, demanda-t-il à la réception. Chambre 504.

– Elle vous connaît ?

C'était pire que dans un pensionnat.

– Oui.

L'employé consentit enfin à téléphoner, l'annonça et raccrocha.

– Elle descend.

Malko s'installa dans un petit salon vide. La porte de l'ascenseur s'ouvrit et il eut un choc. La fille qui venait d'en sortir n'avait rien à voir avec la sage jeune femme de l'ambassade d'Italie Beaucoup de noir autour des yeux, une bouche peinte soigneusement, le regard assuré. De profil, elle ressemblait à une héroïne de bande dessinée. Une poitrine orgueilleuse serrée dans un haut ras du cou, extrêmement ajusté, et un jean encore plus serré, mettant en valeur une croupe qui lui donna les mains moites. Le tout juché sur des talons de quinze centimètres. Une apparition à faire courir à La Mecque l'imam Al-Soumeidai.

Elle pivota, aperçut Malko et se dirigea vers lui, flottant au milieu d'un nuage odorant. Elle avait dû se tremper dans un bain de parfum. Vu la longueur de ses ongles rouge sang, elle ne devait pas s'approcher souvent d'un ordinateur.

– C'est gentil d'être venu, dit-elle d'une voix chaude. On va boire un verre ? Ici, il y a de l'alcool.

Depuis l'après-Saddam, la pression des islamistes était telle qu'on ne trouvait presque plus d'alcool à Bagdad. Seuls, certains hôtels logeant des étrangers en avaient. Les boutiques d'alcool tenues par des chrétiens brûlaient les unes après les autres. Quelquefois, avec leur propriétaire. L'ordre islamiste commençait à régner. Si Souab Nakim s'était promenée dehors dans cette tenue, elle se serait fait lyncher. Malko eut immédiatement envie de séduire cette créature qui semblait sortie de la fiole magique d'Aladin.

– Vous avez du champagne ? demanda-t-il au garçon qui attendait.

– *Si, signor.*

À ses yeux, tous les étrangers étaient des Italiens… Il revint, portant avec respect une bouteille de Taittinger Comtes de Champagne Blanc de Blancs millésimée 1995.

Second miracle.

Malko ne put s'empêcher de demander à la jeune femme :

– Vous sortez dans Bagdad habillée comme ça ?

Elle éclata de rire.

– Non, bien sûr ! Je me ferais vitrioler ! Ici, c'est redevenu le Moyen Âge. Mais n'oubliez pas que j'habite Dubai. Là-bas, c'est différent. Et puis, je suis libanaise, dans mon pays, on est beaucoup plus libre.

Ça, Malko le savait. Le garçon déboucha avec componction la bouteille de Taittinger et remplit les flûtes. Souab leva la sienne :

– À la libération des deux otages.

– À propos, vous semblez posséder des informations sur ce kidnapping, dit-il. Cela m'intéresse.

Souab prit le temps de vider sa flûte avant de répondre :

– J'ai l'impression que si on laisse faire l'ambassadeur, soupira-t-elle, on ne les reverra jamais…

– Pourquoi ?

– C'est sûrement un bon diplomate, mais il n'est pas fait pour ce genre de situation. D'abord, il ne l'a pas prise au sérieux. Ensuite, il s'est fié aux interventions officielles, comme celles des oulémas. Ils n'ont jamais fait libérer personne. Mais c'est un homme têtu et cassant, qui n'écoute personne. Sauf ce gros porc de Walid qui lui soutire du fric et le mène en bateau.

– C'est grave, ce que vous dites..., remarqua Malko.

– Walid lui a fait une scène quand il a appris qu'il allait vous recevoir, dit-elle à voix basse. Il veut conserver l'exclusivité des contacts avec les ravisseurs...

– Il en a donc...

Souab Nakim tordit sa belle bouche pulpeuse.

– Walid n'a jamais eu un contact *direct*. Vous savez, c'est l'histoire de l'âne qui a vu le chameau, qui a rencontré l'homme qui a croisé les otages. Chaque fois, cela coûte 5 000 dollars à l'ambassadeur. Ce n'est pas son argent, mais quand même...

Interloqué par cette virulence, Malko objecta :

– Pourtant, il avait bien organisé la remise de la rançon. Ceux qui sont venus la chercher n'étaient pas des fantômes.

– Non, mais qui vous dit que c'étaient vraiment les ravisseurs ? Walid a pu se faire avoir, ou pire...

Elle se tut et acheva sa flûte de champagne. Malko prit la bouteille de Taittinger et la remplit à nouveau. Souab Nakim ne l'intéressait pas que pour son physique flamboyant...

– Que voulez-vous dire ?

Au lieu de répondre directement, elle vida d'un trait son champagne et proposa :

– Voulez-vous dîner avec moi ici ? J'en ai par-dessus la tête de dîner seule. Dites à votre chauffeur de nous attendre.

– Oui, avec plaisir. Mais pourquoi ne pas aller dîner ailleurs ? C'est sinistre ici.

– On voit que vous débarquez ! Il y a longtemps que personne ne sort plus le soir. Des étrangers dans un restaurant auraient toutes les chances de se faire enlever. Et de toute façon, il n'y a *plus* de restaurants. Le dernier, *Nabil*, rue Harasat, a sauté il y a un mois. Avec ses clients.

– Dans ce cas, conclut-il, il n'y a pas le choix, mais j'ai peur que cette bouteille ne suffise pas…

***

La nourriture du *Rimal* était infecte : un vague kebab baignant dans une sauce brunâtre, du riz brûlé, pas de pain et une salade mal lavée, sûrement pleine d'amibes. Heureusement, il y avait le Taittinger Comtes de Champagne dont Souab Nakim semblait ne pas se lasser. Malko se dit que, si Dieu était de son côté, il ne quitterait pas Bagdad sans l'avoir mise dans son lit. Elle ruisselait de sexualité épanouie.

– Vous êtes mariée ? demanda-t-il.

Elle lui jeta un regard en dessous.

– Non, mais j'ai un homme dans ma vie, à Dubai. Un des neveux du cheikh Maktoub.

L'homme le plus important de Dubai.

– Vous vivez avec lui ?

Imprégnée de Taittinger, la Libanaise semblait avoir fait tomber ses barrières. Elle sourit.

– Non, bien entendu. Il vit dans son *diwan* [1] et il m'a acheté une maison à Jumeira II, tout près de la plage. Bien sûr, ma famille ne le sait pas. Elle croit que je travaille seulement à l'ambassade d'Italie.

– C'est une situation confortable, remarqua Malko, amusé.

La Libanaise renchérit.

– Tout à fait. Il me donne ce que je veux et je lui donne ce qu'il veut…

Ce n'étaient sûrement pas des échanges purement

1. Garçonnière.

intellectuels. Souab Nakim lui adressa un sourire plein de sensualité.

– En plus, il est jeune, beau et c'est un excellent amant.

– Alors, pourquoi êtes-vous venue à Bagdad ? ne put s'empêcher de demander Malko.

Nouveau sourire carnassier.

– Pour qu'il soit encore plus amoureux ! Je crois que je lui manque beaucoup. Il me supplie de revenir de temps en temps. La dernière fois, pour mon anniversaire, il m'a offert un rubis sang-de-pigeon…

On était loin des otages. Malko était tombé de façon inopinée sur une splendide salope bien dans sa peau. À consommer sans modération. Il eut du mal à revenir aux choses sérieuses.

– Que pouvez-vous me dire sur ce kidnapping ?

Souab Nakim acheva sa flûte de Taittinger et dit à voix basse :

– Allez voir de ma part à la Medical City la doctoresse Habiba Zayman, une ophtamologiste. Elle est très liée avec Sophia Benini. Son bureau est au rez-de-chaussée. Je pense qu'elle pourrait vous aider. Demandez-lui de vous parler de son fiancé irakien. Maintenant, vous devriez y aller. La nuit, c'est très dangereux.

Malko baissa les yeux sur sa Breitling : il n'était qu'un peu plus de neuf heures… Il régla une addition exorbitante à cause du champagne et Souab Nakim l'escorta jusqu'aux chicanes, qu'elle franchit avec lui, ondulant à plaisir devant les supplétifs irakiens qui en avaient les yeux hors de la tête.

Ahmed jaillit de la Chevrolet et ouvrit la portière. Souab et Malko se retrouvèrent face à face, à quelques centimètres.

– J'espère que la prochaine fois, vous viendrez chez moi, proposa-t-il.

– *Inch'Allah !* fit Souab dans une haleine parfumée.

Il eut le temps d'effleurer ses lèvres épaisses avant qu'elle fasse demi-tour et s'éloigne de sa démarche dansante. C'était quand même un contact plus riant que l'imam… Et si, en plus, cette doctoresse faisait avancer sa mission, il n'aurait pas perdu sa soirée.

Le lendemain, il restait cinq jours avant l'expiration de l'ultimatum du groupe Tawhid wal-Jihad.

CHAPITRE VI

On entrait comme dans un moulin dans le bâtiment de la Medical City, juste avant le pont du 17-Juillet. Les deux gardes de sécurité étaient occupés à bavarder ensemble, alors que juste à côté, l'hôpital de la Croix-Rouge italienne était défendu par des murs de sacs de sable, des barbelés et des gardes, italiens ou irakiens, lourdement armés.

Malko se pencha vers l'employé de la réception.

– *Doctor Habiba Zayman, please ?*

– Rez-de-chaussée, à droite, bureau 110, répondit sans le regarder le moustachu en train de téléphoner.

Le cabinet médical du médecin donnait sur le grand hall central. Malko poussa la porte, découvrit une quinzaine de patients alignés sur des bancs de bois. Une grosse secrétaire en blouse blanche le dévisagea avec surprise. Visiblement étonnée de voir un étranger.

– Je viens voir le docteur Zayman, expliqua Malko en anglais. Je suis envoyé par une de ses amies, Souab Nakim.

Heureusement, elle comprenait l'anglais. Elle se leva et disparut dans une petite pièce qui devait être le cabinet de consultation de l'ophtalmo et ressortit, désignant un banc à Malko.

– *Sit down, please.*

Malko se faufila entre une conjonctivite purulente et

un barbu arborant un pansement maculé de sang qui lui mangeait la moitié du visage. Cinq minutes plus tard, une femme boudinée dans une blouse blanche, les cheveux tirés, le visage plutôt ingrat, sortit du cabinet avec un de ses patients, le raccompagna à la porte et se tourna vers Malko.

– *You come, please.*

Aucun des patients, pourtant arrivés avant lui, ne protesta. Malko suivit la doctoresse dans un cabinet minuscule, qui sentait le formol. Habiba Zayman lui jeta un long regard plein de suspicion et demanda :

– Vous connaissez Souab Nakim ?

– Un peu, répondit Malko. Je l'ai rencontrée à l'ambassade d'Italie.

– Qui êtes-vous ?

– Je travaille pour le gouvernement italien. Au sujet des deux otages italiennes. Souhab Nakin m'a dit que vous pourriez peut-être m'aider.

Impassible, la doctoresse remarqua :

– Je vois que l'ambassadeur se donne beaucoup de mal...

– Je ne travaille pas avec lui, expliqua Malko. J'appartiens à une cellule indépendante. Je crois que vous êtes très liée à Sophia Benini ?

– C'est exact, confirma Habiba Zayman d'une voix absente. Y a-t-il du nouveau ?

– Rien hélas, mais je ne suis arrivé à Bagdad qu'hier. Je sais seulement qu'une remise de rançon s'est terminée tragiquement, sans qu'on retrouve les deux jeunes femmes. Il semble qu'elles soient entre les mains d'un groupe islamiste de Fallouja. Il paraît que vous connaissiez son fiancé irakien. Peut-être a-t-il des éléments intéressants ?

L'ophtalmo dissimula à peine ses sentiments.

– Ce garçon – il s'appelle Fouad – ne s'est jamais manifesté depuis le kidnapping. J'ai appris qu'il était chez son oncle, à Mahmoudiya, à une dizaine de kilomètres au sud de Bagdad.

– Vous connaissez son adresse ?

L'Irakienne lui jeta un regard de commisération.

– On voit que vous arrivez... Mahmoudiya est l'un des endroits les plus dangereux de la banlieue sud, à cause de la grande base américaine qui s'y trouve, surveillée en permanence par des membres de la résistance. C'est là que deux journalistes français ont été kidnappés.

– C'est étrange que ce garçon ne se soit pas manifesté, remarqua Malko. Comment expliquez-vous sa conduite ?

Habiba Zayman détourna le regard et dit très vite :

– Je ne peux pas vous parler ici, mes patients m'attendent. Certains sont venus de très loin pour me voir.

– Quand, alors ?

– Je termine vers une heure de l'après-midi, mais je ne veux pas aller à l'ambassade d'Italie ou dans un endroit public. C'est trop dangereux. Déjà, vous n'auriez pas dû venir à mon cabinet. Ils surveillent tout.

– Qui, « ils » ?

– Les résistants qui luttent contre le gouvernement et les Américains.

– Dans ce cas, suggéra Malko, je peux vous recevoir dans la villa que j'occupe, au numéro 13 de la rue 38, en face de l'ambassade des Pays-Bas, dans le quartier Nidhal.

L'Irakienne nota rapidement l'adresse sur un bloc et releva la tête.

– J'essaierai de venir tout à l'heure. Vers deux heures. Maintenant, je dois vous laisser.

– Je vais vous donner mon portable, proposa Malko.

– Je ne me sers jamais du téléphone, dit la doctoresse. Trop dangereux. Les Américains écoutent tout.

Elle ouvrit la porte, le poussant littéralement hors du cabinet, et fit signe d'entrer au barbu au pansement. Malko rejoignit la Chevrolet, sous le soleil de plomb. À cent mètres, trois Bradley, blindés légers de l'US Army, barraient le pont du 17-Juillet et une colonne de fumée noire s'élevait dans le ciel, un peu plus loin. Encore une voiture piégée. Pourtant, les gens vaquaient à leurs occupations, comme si cette anarchie ne les concernait pas. Un peu plus loin, dans Khalafa Street, des téléviseurs, arrivés de Corée du Sud, étaient empilés en un énorme tas sur le trottoir et achetés pratiquement au fur et à mesure qu'ils étaient déchargés du camion.

Ils avançaient au pas, se faufilant entre les grappes des jeunes gens proposant des boîtes de Kleenex aux automobilistes. Parfois, un terroriste se mêlait à eux pour exécuter à bout portant un « collaborateur ». À tout hasard, Malko gardait à portée de la main la pochette de cuir contenant son Thuraya et le Glock.

– Il y a eu un gros attentat près de Tahzir Square, annonça Ahmed. Voiture piégée. Au moins quarante morts. Beaucoup d'enfants…

Deux Blackhawk passèrent au ras des toits, se dirigeant vers le sud. C'était difficile de se détendre dans cet atmosphère… Malko pria silencieusement pour que la doctoresse ne lui fasse pas faux bond.

***

On aurait entendu voler une mouche dans la petite maison de la rue n° 38. Abed, penché sur une radio des années cinquante, était en train de faire une soudure. Malko en était à sa troisième tasse de thé trop sucré, Abed ne sachant pas faire le café. Presque trois heures et aucune nouvelle de Habiba Zayman.

Un léger coup de sonnette lui envoya une grosse décharge d'adrénaline dans les artères.

Abed posa calmement son fer à souder et se leva.

– J'y vais, dit Malko. J'attends quelqu'un.

L'Irakien se rassit et reprit sa soudure. Malko alla ouvrir, après avoir quand même glissé le Glock dans sa ceinture. Le docteur Zayman se faufila aussitôt à l'intérieur et sursauta en découvrant Abed.

– Qui est-ce ? demanda-t-elle à voix basse.

– Le gardien. Il est sûr.

– Personne n'est sûr. Je ne veux pas que nous parlions en sa présence.

– Il ne parle pas anglais.

– Ça ne fait rien.

L'Irakienne fixa l'escalier.

– Où cela mène-t-il ?

– Dans les chambres.

– Allons-y.

Elle le précéda dans l'escalier et pénétra la première dans la petite chambre, où elle s'assit aussitôt sur le lit.

– J'ai parlé à Souab, dit-elle. Il paraît que je peux vous faire confiance.

– Merci, fit Malko. Vous voulez boire quelque chose ?

– Du thé.

Malko redescendit et prit la théière posée devant Abed toujours plongé dans sa soudure, ainsi que des tasses et du sucre.

***

Habiba Zayman avait bu son thé et fumé une cigarette. Son regard se posa soudain sur Malko et resta fixé sur son ventre. La crosse du Glock dépassait largement de sa ceinture…

– Vous travaillez pour les Américains, dit-elle.

Ce n'était pas une question mais une constatation. Malko ne chercha pas à la détromper.

– Oui, dit-il, nous donnons un coup de main au gouvernement italien qui est très embarrassé par cette affaire d'otages et n'a pas les moyens d'intervenir à Bagdad. Cependant, je ne suis pas américain mais autrichien.

– Les Américains ne comprennent rien à l'Irak, trancha la doctoresse.

Difficile de prétendre le contraire. Mais il n'était pas à Bagdad pour discuter de ce genre de problème. Il décida d'aller droit au but.

– D'après l'ultimatum reçu à l'ambassade d'Italie, résuma-t-il, les deux otages doivent être exécutées dans cinq jours. Pouvez-vous m'aider à éviter cette horreur ?

Habiba Zayman leva les yeux sur lui.

– Depuis votre arrivée, vous avez rencontré d'autres gens ?

– Oui. L'imam Mehdi Al-Soumeidai. Il m'a promis d'intervenir…

L'Irakienne haussa les épaules.

– C'est un nuisible, un salafiste. Il vous raconte des histoires.

– Alors, je suis au point mort, conclut Malko. Tout à l'heure, vous m'avez laissé entendre que le fiancé de Sophia Benini aurait pu jouer un rôle dans ce kidnapping. Cela peut nous mener quelque part ?

Nouvelle cigarette. L'Irakienne souffla la fumée et dit :

– Je ne crois pas, sinon pour expliquer le début de cette affaire. Sophia était très amoureuse. Fouad est un beau garçon. Seulement, elle avait remarqué une étrange transformation chez lui ces derniers temps : il s'était laissé pousser la barbe et lui tenait un discours très religieux.

– Vous pensez qu'il était passé dans le camp islamiste ?

– Sa famille est très traditionnelle. Ce qui m'intrigue, c'est sa disparition. Les kidnappeurs de Sophia et de son amie étaient renseignés sur leurs habitudes. Or, Fouad est parti peu de temps avant leur arrivée.

– Vous pensez qu'il a pu les renseigner ? Pour de l'argent ?

Elle demeura un long moment silencieuse, puis se décida brusquement :

– Fouad avait demandé à Sophia de se convertir à la religion musulmane. Évidemment, elle a refusé et il en a été très vexé. Depuis, elle avait l'impression qu'il la méprisait un peu.

– Pourtant, c'était toujours son amant.

L'Irakienne eut un sourire teinté d'amertume.

– Dans ce pays, les hommes sont tellement frustrés sexuellement qu'ils saisissent toutes les occasions d'avoir une femme. Je vous ai dit que Sophia était très amoureuse… Lorsqu'elle et son amie ont été enlevées, j'ai fait ma petite enquête. Je soigne beaucoup de gens différents, vous savez. J'ai appris très vite qu'il s'agissait d'un groupe *non* islamiste, comportant des policiers de Bagdad. Des racketteurs. Ils ont enlevé les deux Italiennes en espérant les rendre contre une rançon, cela se pratique tous les jours avec des Irakiens, mais personne n'en parle. D'ailleurs, après l'enlèvement, il n'y a eu *aucune* revendication politique ou religieuse… J'ai pu savoir qui étaient les kidnappeurs. Des voyous, des ex-tueurs de Oudaï, le fils de Saddam, alliés à des policiers véreux. Leur idée était simple : obtenir une rançon. C'est ce qui s'est passé.

– Les huit millions de dollars…

– Ah, vous êtes au courant ! Oui. Seulement, ils ont touché l'argent mais n'ont pas rendu les deux otages.

– Il y a eu un incident avec un hélicoptère américain…

Habiba Zayman secoua la tête.

– C'est un prétexte. De toute façon, ils ne pouvaient pas les rendre.

– Pourquoi ? demanda Malko, soudainement glacé. Ils les avaient tuées ?

– Non. Vendues. À un groupe de Fallouja, Tawhid wal-Jihad, de véritables islamistes. Ce sont eux qui ont envoyé la cassette de revendication à l'ambassade.

Ce qu'elle disait recoupait la théorie de Bruce Chaplin et expliquait beaucoup de choses.

– Quel serait le rôle de Fouad ? demanda Malko.

– Il y a deux possibilités, répondit le médecin. Il a pu signaler le coup au premier groupe, pour toucher une commission. Il savait que les Italiens paieraient et que Sophia serait relâchée. Ou alors il a été en contact avec ce groupe de Fallouja qui a pris le train en marche.

– Donc, conclut Malko, quel que soit le rôle de Fouad, tout se passe maintenant à Fallouja.

– Absolument.

– Et vous pouvez m'aider ?

– Ma sœur habite là-bas, dit-elle. Elle est médecin, comme moi, et soigne des membres de la résistance. Par elle, j'ai pu apprendre un certain nombre de choses.

– Vous savez où se trouvent les deux otages ?

– Elles sont souvent changées de place. Les Américains encerclent Fallouja, contrôlent certains quartiers et même l'hôpital. On se bat un peu partout et une grande partie de la population a quitté la ville. Bientôt, il ne restera plus que les combattants. Ma sœur me dit que la vie est très difficile. Ce sont les imams qui distribuent la nourriture et l'essence. Comme elle est médecin, elle se déplace partout sans problème. Nous nous parlons presque tous les jours et elle est inquiète pour les deux Italiennes.

– Vous pensez que les ravisseurs peuvent mettre leur menace à exécution ?

– J'en ai peur. Ce sont des fanatiques et ils veulent effrayer tous les étrangers.

– Il reste cinq jours avant l'expiration de l'ultimatum, observa Malko. Que peut-on faire, si on ne sait pas où elles sont détenues ?

– Il y a peut-être une possibilité, dit lentement Habiba Zayman. Mais il va falloir agir très vite et *très* discrètement. Ma sœur et moi risquons notre vie si les islamistes apprennent que nous collaborons avec les Italiens et les Américains.

CHAPITRE VII

Malko, interloqué, n'en croyait pas ses oreilles. Abed, probablement pour tester une de ses vieilles radios, l'avait branché sur une émission de « belly-dance [1] » dont les tambourins montaient jusqu'à eux depuis le rez-de-chaussée. Malko voulut être certain d'avoir bien entendu.

– Vous voulez dire que vous connaissez un moyen de récupérer les deux otages italiennes ?

– Oui, je pense, répliqua le docteur Zayman. Mais il ne faut surtout pas en parler à l'ambassadeur d'Italie. Il est trop mal entouré.

– Je ne lui en parlerai pas. Les seuls que je mettrai au courant sont mes « sponsors ».

– Qui ?

– La CIA.

Habiba Zayman se rembrunit.

– Les Américains font n'importe quoi. Ils sont capables d'aller bombarder la zone où se trouvent les otages.

– La CIA est totalement indépendante de l'armée, souligna Malko et j'agis dans le cadre d'une mission confiée par la Maison Blanche. Comme l'a dit le

1. Danse du ventre.

président des États-Unis : « Il faut sauver le soldat Berlusconi. »

L'Irakienne n'apprécia pas l'humour mais sembla un peu rassurée.

– Vous pouvez disposer d'argent ? demanda-t-elle.

– Oui.

Elle demeura silencieuse quelques instants, comme si elle pesait le pour et le contre. Puis, elle prit une inspiration et se lança :

– Je vais vous faire confiance, mais je mets ma vie et celle de ma sœur en danger, s'il y a la moindre indiscrétion. Par le plus grand des hasards, dès que les deux otages ont été vendues au groupe Tawhid wal-Jihad, j'ai eu beaucoup d'informations sur ce qui se passait.

– Comment ?

– Un des jeunes militants de ce groupe est un patient de ma sœur. Il souffre d'une maladie intestinale et il la voit régulièrement. Bien entendu, il lui a parlé des deux Italiennes. Comme Sophia Benini parle arabe, il a sympathisé avec elle. Il est choqué qu'on les ait enlevées car elle lui a expliqué ce qu'elles faisaient en Irak. Ma sœur a pu ainsi les suivre à la trace, car on les change souvent de planque, à cause des Américains qui harcèlent les résistants. Je pensais que les choses pouvaient bien se terminer, jusqu'à l'ultimatum de la semaine dernière. Maintenant, je sais qu'elles sont en danger de mort.

– Mais pourquoi n'avez-vous parlé de cela à personne ?

– À qui ? Je n'ai pas confiance dans l'ambassadeur et je ne connais personne d'autre. Souab savait. C'est pour cela qu'elle vous a parlé. Voilà.

Malko en avait le tournis.

– Donc, résuma-t-il, vous êtes en contact avec un des ravisseurs, vous connaissez la zone où les otages se trouvent et vous pouvez, éventuellement, leur transmettre un message. Mais comment les récupérer ?

Habiba Zayman prit une nouvelle cigarette et Malko la lui alluma avec son Zippo armorié.

– Le garçon que soigne ma sœur s'appelle Moumir. Il est pauvre mais voudrait se marier.

– Vous pensez pouvoir l'acheter ?

– Peut-être. Parce qu'il réprouve ce kidnapping et la condamnation à mort des deux femmes. C'est un cœur pur et naïf.

Malko était sur des charbons ardents. Enfin une piste sérieuse.

– Comment entrer en contact avec lui ? demanda-t-il.

– Il vient demain à mon cabinet prendre livraison d'un lot de médicaments pour la résistance. À une heure. Si vous pouviez venir avec un peu d'argent...

– Déjà ? objecta Malko.

– Oui. Il faut le motiver. Il a très peur de ses chefs. Lui aussi risque sa vie. Une fois qu'il aura accepté l'argent, il ne pourra plus reculer.

– À quoi pensez-vous exactement ? insista Malko.

– J'y ai beaucoup réfléchi. Il a parfois la garde des otages. Il pourrait s'enfuir avec elles...

– Ce serait évidemment l'idéal, reconnut Malko, mais cela pose des problèmes presque insolubles dont le plus important est le temps. Demain, nous serons à quatre jours de l'expiration de l'ultimatum du groupe Tawhid wal-Jihad. Pensez-vous que ce Moumir puisse organiser une évasion en un laps de temps aussi court ?

La musique endiablée de danse du ventre montait toujours du rez-de-chaussée, en contrepoint de cette conversation dramatique, ajoutant à l'étrangeté de la situation.

– Je l'ignore, avoua le docteur Zayman. Je ne sais même pas s'il acceptera, mais il faut essayer.

– Bien sûr, approuva chaudement Malko. Pour l'argent, cela ne pose aucun problème. Combien faut-il ?

– Oh, je ne sais pas. Quelques milliers de dollars.

– Si peu ?

Elle esquissa un sourire.

– Moumir est très pauvre. Ma sœur le soigne gratuitement. Il n'a jamais eu plus de cent dollars.

– Bien, conclut Malko. Je pense que demain, il est préférable que vous lui parliez d'abord, seul à seul. Je serai là à une heure, mais j'attendrai dans le hall de l'hôpital. Si les choses se passent bien, vous viendrez me chercher.

Elle écrasa sa cigarette dans le cendrier et se leva.

– Je dois partir. Je vais aider un de mes collègues qui recolle des oreilles.

– Des oreilles ?

– Oui. Saddam Hussein, pendant la guerre contre l'Iran, faisait couper les oreilles des déserteurs pour les déshonorer à vie. Alors, nous avons lancé un programme pour greffer de nouvelles oreilles à ces malheureux. Il y en a 2600 dans tout l'Irak.

Elle se hâta de descendre, Abed ne leva même pas les yeux de son ouvrage. Malko sortit avec elle : il avait hâte d'apporter une relative bonne nouvelle à Bruce Chaplin.

***

– On n'y arrivera jamais en quatre jours ! Soupira le *senior officer* de la CIA. Vous n'imaginez pas la situation sur le terrain ! Il y a des résistants à chaque carrefour, des accrochages incessants. Il leur faudrait un véhicule pour gagner notre zone, à supposer qu'ils puissent s'évader.

– Je sais, reconnut Malko, mais, comme vous dites : *One bridge at a time*[1]. Voyons déjà si cette évasion peut marcher. Et, *ensuite*, il faudra trouver un moyen

1. Un pont à la fois.

de maintenir en vie ces deux malheureuses, en retardant leur exécution.

– Oui, mais comment ? objecta l'Américain. Nous n'avons aucun contact direct avec le groupe Tawhid wal-Jihad. Ce sont des fanatiques qui nous haïssent.

Malko se souvint brusquement de sa conversation avec l'imam Al-Soumeidai.

– Al-Soumeidai a parlé d'un de ses homologues, très puissant à Fallouja, Abdallah Al-Janabi.

Bruce Chaplin manqua s'étrangler.

– C'est un des principaux organisateurs de la résistance à Fallouja ! Il coordonne toute la logistique et abrite près de 500 moudjahidins. Les types de la 82e Airborne ont arrêté son cousin, un certain Abu Shadaf Al-Janabi, il y a trois jours, en possession de plusieurs SAM7. Ils essaient de lui faire dire où il se les est procurés…

Malko tomba en arrêt comme un chien de chasse.

– Attendez ! J'ai une idée. Auriez-vous assez d'autorité pour faire relâcher cet islamiste ?

L'Américain le regarda comme s'il avait perdu la tête.

– *Relâcher* ? pourquoi ?

– Pour lui faire plaisir, expliqua calmement Malko. Pour qu'ensuite, il *nous* fasse plaisir…

Bruce Chaplin comprenait vite.

– Vous voulez lui demander un délai pour les otages ? Mais, est-ce que c'est en son pouvoir ?

– Je n'en sais rien, avoua Malko. Cela vaut la peine d'essayer.

– Je pense que, vu les circonstances, cela ne posera pas de problèmes de mon côté, conclut le *senior officer* de la CIA. Vous pouvez y aller. Seulement, cela ne résout pas *tous* les problèmes. L'exfiltration des deux femmes de ce coin pourri risque d'être délicate…

– Si elles sont mortes, trancha Malko, le problème

ne se posera pas. Essayons donc de les garder en vie. Je vais aller revoir Al-Soumeidai.

– À propos, combien voulez-vous pour demain ?

– Cinq mille dollars, suggéra Malko. Ce jeune homme n'est pas gourmand.

L'Américain soupira.

– J'espère que cette toubib est *clean*. Qu'elle ne vous enfume pas. Je ne peux même pas demander à mes homologues du nouveau Moukhabarat de la cribler. Ils l'arrêteraient aussi sec pour la faire parler de ses contacts avec la résistance. Donc, vous êtes seul sur ce coup. En tout cas, si vous réussissez grâce à elle, elle sera mon invitée d'honneur…

– Je ne suis pas certain que cela la remplisse de joie, rétorqua Malko.

Bruce Chaplin ne releva pas.

– O.K., attendez-moi, je vais chercher l'argent.

Demeuré seul, Malko regarda à travers les glaces blindées le centre de Bagdad. Des fenêtres du *Al Saader*, cela ressemblait à une ville tout à fait normale, avec ses embouteillages et l'animation de ses boutiques. L'Américain revint avec une épaisse enveloppe et un document à signer.

– Voilà, dit-il. Allez au casino.

– Je vais à la mosquée, corrigea Malko. Commencez tout de suite votre intervention pour le cousin de Al-Janabi.

– Je m'y mets à l'instant, jura l'Américain.

***

Un gamin, tenant dans sa main droite un pistolet, entrouvrit la grille de la mosquée Ibn Taimiya. Ensuite, il fallut qu'Ahmed palabre un long moment avec différents responsables pour qu'on conduise les deux visiteurs au premier étage. Là, ils furent accueillis par Amin, le barbu émacié, visiblement très surpris.

– L'imam n'a pas encore eu le temps de s'occuper de votre problème, attaqua-t-il. Je vous avais dit que je vous téléphonerais.

– Je sais, reconnut Malko. Mais, depuis hier, j'ai une information qui pourrait intéresser l'imam. Un cousin proche de Mohamed Al-Janabi, Abu Shadaf Al-Janabi, a été arrêté par les Américains. Or, nous pourrions peut-être intercéder en sa faveur. J'aimerais en parler avec l'imam.

– Venez avec moi, intima Amin.

Ils le suivirent jusqu'au bureau de l'imam Al-Soumeidai. Celui-ci était en train de faire son courrier. Il écouta attentivement les explication d'Amin et, à un éclair bref dans son regard, Malko comprit qu'il était intéressé.

– Vous pouvez vraiment le faire libérer ? demanda Amin.

– C'est une possibilité, fit prudemment Malko. Ce serait une bonne occasion pour parler à l'imam Al-Janabi du sort des otages italiennes.

Mehdi Al-Soumeidai avait compris le message. Il lança une longue phrase, aussitôt traduite à Malko par Amin.

– Notre imam va transmettre à l'imam Al-Janabi ces informations. Il se rend demain matin à Fallouja. Nous vous contacterons très vite.

– Le cas de cet homme est sérieux, souligna Malko. Il a été trouvé en possession de trois missiles sol-air SAM7.

Aucun des deux Irakiens ne réagit. L'imam se replongea dans son courrier et ils gagnèrent la sortie.

Malko avait hâte d'être au lendemain. Si Moumir, le protégé de la doctoresse Zayman, était prêt à choisir la liberté avec les deux otages italiennes, il était proche du miracle. Décidément, les escortes de baby-sitters en gilets pare-balles et lunettes Ray-Ban, exhibant leur artillerie dans un 4 × 4 blindé, n'étaient pas le meilleur moyen de nouer des contacts utiles. Avec cet attirail, il ne serait jamais entré dans la mosquée. Finalement, avec son Glock et un bon chauffeur comme Ahmed, il ne prenait pas beaucoup plus de risques et ceux qui le croisaient ne le cataloguaient pas instantanément comme ennemi.

Être américain, à Bagdad, n'était pas une situation d'avenir.

*
* *

Malko poireautait depuis plus d'une demi-heure dans le hall de l'hôpital. La porte du cabinet du docteur Zayman demeurait obstinément close et il n'osait pas prendre d'initiative. Enfin, à 1 h 40, elle s'entrouvrit et l'Irakienne apparut, rejoignant Malko.

– Je suis désolée, dit-elle, Moumir est arrivé en retard.

– Vous avez pu le convaincre ?

– Je pense que oui. Maintenant, il faut lui faire accepter l'argent. Vous l'avez ?

– Bien sûr.

– Alors, allons-y.

Il la suivit dans le cabinet médical. Désert à l'exception d'un jeune homme aux joues creuses, le visage orné de la traditionnelle barbe islamique, assis à côté d'un gros carton de médicaments. Il avait des dents gâtées, une chemise grise portée par-dessus un pantalon de toile et des baskets si abîmées qu'elles semblaient avoir été ramassées dans une poubelle.

Moumir leva un regard effrayé sur Malko et la doctoresse le rassura d'une brève phrase en arabe. Pour détendre l'atmosphère, Malko demanda :

– A-t-il des nouvelles fraîches des otages ?

– Il les a vues ce matin, traduisit Habiba Zayman, elles sont en bonne santé, grâce à Dieu.

– Est-il d'accord pour les délivrer et partir avec elles ?

La réponse fut longue et confuse.

– Il a très peur, traduisit l'Irakienne. Si ses chefs savaient qu'il vous rencontre, ils le décapiteraient immédiatement. Il ne sait plus que faire…

– A-t-il toujours envie de se marier ?

Cette fois, il compris la réponse : *Nam*. Oui. À la différence des autres Arabes, les Irakiens ne disaient pas *aiwa*.

– Nous lui donnerons assez d'argent pour se marier et partir vivre en Jordanie, s'il le souhaite. Plus d'argent qu'il n'en a jamais rêvé. Nous le protégerons tant qu'il sera en Irak.

Immédiatement après sa tirade, Malko sortit l'enveloppe contenant les 5 000 dollars et la posa sur les genoux du jeune Irakien. Celui-ci sursauta comme si c'était un scorpion. Il était visiblement *très* fragile. Malko comprit qu'il fallait l'empêcher de penser, faire comme si sa décision était déjà prise.

– A-t-il une idée de la façon dont il pourrait emmener les deux otages hors de la zone tenue par les résistants ? demanda Malko.

Nouveau discours bredouillant du jeune islamiste.

– Il y a un autre problème, traduisit le médecin. Moumir a un ami, Said, qui garde les otages avec lui. Est ce qu'il pourrait avoir le même traitement ?

– Évidemment !

Cela prenait forme. Le principe de l'évasion semblait acquis. Malko revint à la question de l'exfiltration.

– Est-ce qu'il dispose d'un véhicule ?

Moumir se leva, soudain très nerveux, et tendit

l'enveloppe aux dollars à Habiba Zeyman. Le pouls de Malko fit un bond.

– Il n'en veut pas ?

– Si, si, mais il ne veut pas l'emporter. Si on la découvrait sur lui, on lui poserait beaucoup de questions. Et puis, il est pressé, il a rendez-vous avec quelqu'un qui doit l'emmener à Fallouja. Il va se renseigner pour une voiture.

Moumir se glissa hors du cabinet, son carton de médicaments sous le bras, et Malko se laissa tomber sur le banc, avec l'impression d'avoir disputé un combat de boxe.

– Vous croyez qu'il va le faire ?

– Je le crois, répondit la doctoresse, après avoir allumé une cigarette. Pas seulement pour l'argent. Mais il ne nous reste que quatre jours. Il ne pourra jamais mettre au point les détails de l'opération dans délai aussi court. Alors, peut-être que tout cela ne sert à rien…

– J'ai vu à nouveau l'imam Al-Soumeidai, expliqua Malko et je lui ai proposé un *deal*.

Il expliqua l'idée qu'il avait eu d'échanger un prisonnier contre un peu de temps.

– Pourvu que ça marche ! soupira Habiba Zayman. Je vais prier.

– Quand Mounir revient-il ?

– Demain. Je me suis arrangée pour me procurer d'autres médicaments : ils font des stocks en prévision de l'attaque américaine.

– Demain, souligna Malko, il ne restera plus que trois jours avant l'expiration de l'ultimatum…

– *Inch'Allah*, l'imam va peut-être intervenir. Je vous retrouve demain à la même heure.

Il sortit le premier et, au moment où il montait dans la Chevrolet, son portable sonna.

– Il faut que je vous voie très vite, annonça Bruce Chaplin. Je ne peux pas parler au téléphone.

Au ton de sa voix, Malko se dit qu'il n'avait pas une bonne nouvelle.

– J'arrive, fit-il.

***

Le visage de Bruce Chaplin semblait avoir rétréci. Il referma soigneusement la porte du bureau avant de se tourner vers Malko.

– Vous êtes-vous engagé auprès de l'imam Al-Soumeidai à intervenir au sujet de Abu Shadaf Al-Janabi ?

Malko sentit son estomac se charger de plomb.

– Absolument, confirma-t-il. Avec votre accord, d'ailleurs. Si l'imam Abdallah Al-Janabi n'intervient pas, les otages seront sûrement exécutées dans quatre jours.

– *My God!* fit à voix basse Bruce Chaplin.

– Qu'est-ce qui se passe ? Ils ne veulent pas le libérer ?

L'Américain affronta le regard des yeux dorés de Malko et laissa tomber d'une voix blanche :

– Ils ne *peuvent pas*. Il est mort durant son interrogatoire.

CHAPITRE VIII

Malko eut l'impression de recevoir le ciel sur la tête. Il avait tout imaginé sauf ça.

– Qu'est-ce qui s'est passé ?

Le *senior officer* de la CIA eut un soupir désabusé.

– Une connerie. Soi-disant, il est mort d'une crise cardiaque dans sa cellule, au QG de la 82e. Ils ont une unité de Military Intelligence et n'envoient pas les prisonniers à Abu Ghraib.

– C'est une catastrophe ! Laissa tomber Malko. L'imam Al-Soumeidai ira demain matin à Fallouja annoncer à l'imam Al-Janabi qu'il reverra son cousin Abu Shadaf s'il intervient pour les Italiennes.

– Il faut essayer de gagner du temps, plaida l'Américain. J'ai pu obtenir du colonel chargé de cette affaire que le décès soit gardé secret. Cela devrait vous laisser le temps d'exfiltrer les deux femmes.

– Vous êtes optimiste ! persifla Malko. Au mieux, je compte sur une semaine de préparation. Jamais nous ne pourrons tenir en haleine l'imam aussi longtemps.

– Je sais, reconnut Bruce Chaplin, c'est une catastrophe. Mais je suis impuissant.

– Parmi les problèmes que nous avons à résoudre, reprit Malko, il y a la traversée des lignes de la résistance. Si on pouvait avoir un hélicoptère, cela ferait *un* problème résolu.

– *No way!* soupira Bruce Chaplin. Jamais l'Army ne me prêtera un hélico. Souvenez-vous de Mogadiscio. On a perdu deux Blackhawk dans un terrain qui ressemble à Fallouja. Il faut éviter à tout prix de se faire aspirer là-bas.

– Bien, conclut Malko, donc il n'y a plus qu'à prier. J'aurai surement un coup de fil de Mehdi Al-Soumeidai demain, à son retour de Fallouja. Surtout, que cette mort ne s'ébruite pas.

– Ils s'y sont engagés, jura l'Américain.

***

La journée avait été si chaotique que Malko n'avait même pas pensé à organiser sa soirée. Pourtant, il avait vraiment besoin de se vider le cerveau. De ne pas penser à la réaction des islamistes quand ils découvriraient la mort d'Abu Shadaf Al-Janabi. Il allait appeler Souab Nakim quand son portable sonna. C'était elle, visiblement bouleversée.

– Il faut que je vous voie ! lança-t-elle très vite. Tout de suite.

– Où êtes-vous ?

– Au *Sheraton*, mais je ne veux pas que vous veniez. Je suis avec l'ambassadeur. Et je n'ai pas mon chauffeur.

– Je peux venir vous prendre tout près, proposa Malko. Dans un quart d'heure. Sortez par le *checkpoint* du *Palestine*, passez devant l'hôtel *Al Fanar*, je vous attendrai dans la petite rue qui va vers Saadoun Street juste après.

– D'accord ! Il faut absolument que je vous voie ! répéta-t-elle.

Après avoir donné ses instructions à Ahmed, Malko se demanda avec anxiété ce qui motivait l'impatience de la Libanaise. Sauf à imaginer une brutale flambée de sa libido, cela ne présageait rien de bon.

Quelle nouvelle catastrophe allait surgir après l'histoire Abu Shadaf Al-Janabi ?

*
* *

Souab Nakim arriva presque en courant, un foulard sur la tête et vêtue d'une longue jupe noire poussiéreuse. Elle se laissa tomber avec un soupir sur la banquette de la Chevrolet et se tourna vers Malko.

– L'ambassadeur a monté une opération avec les Américains pour libérer les deux otages ! lança-t-elle d'un trait. Cette nuit !

Incrédule, Malko objecta :

– Je quitte à l'instant le responsable de la CIA à Bagdad. Il ne m'a parlé de rien.

– L'ambassadeur a machiné ça avec Walid, expliqua Souab Nakim. Son copain Iyad prétend avoir localisé la planque des deux otages italiennes. Il a placé une balise électronique dans la maison, reliée au système GPS des Américains. Au *Sheraton*, l'ambassadeur avait rendez-vous avec le général commandant la 1re Division de Marines qui encercle Fallouja. Il m'a fait jurer de ne rien dire à personne.

– *Himmel !* murmura Malko.

Il ne manquait plus que cela… Fébrilement, il composa le numéro de téléphone de Bruce Chaplin.

– Vous êtes encore au bureau ?

– Oui, jusqu'à dix heures.

– J'arrive, fit Malko, sans donner d'explications.

Souab Nakim sursauta.

– Vous allez au *Al Saader* ? Je ne veux pas qu'on me voie là-bas avec vous.

– O.K., accepta Malko, dans ce cas, je vous dépose

au *Rimal*, vous vous changez et je vous reprends ensuite.

Ahmed avait entendu et prit la direction de l'hôtel des Italiens. Souab demanda pendant le trajet :

– Où allons-nous, après ?

– Je vais voir, dit Malko. Pour l'instant, il faut que je tire cette histoire au clair.

Cela faisait trois canaux utilisés en même temps. Donc, deux de trop.

***

Bruce Chaplin était pendu au téléphone depuis l'arrivée de Malko. Il tombait lui aussi des nues. Il avait enfin réussi à joindre le général commandant la 1re Division de Marines et tentait d'établir ce qui se passait réellement. Il raccrocha, visiblement stupéfait.

– C'est vrai ! confirma-t-il. C'est John Negroponte, notre ambassadeur, qui a relayé la demande de l'ambassadeur d'Italie. Avec un fort appui politique. Le général n'avait pas le choix. Son unité monte l'opération ce soir, à dix heures, ils sont guidés par le signal GPS de la balise. Il n'a pas voulu me dire où cela se situait. Ils engagent une vingtaine d'hommes avec le soutien éventuel de deux F-16, en *stand by*. J'ai obtenu qu'il me tienne au courant du déroulement de l'opération…

– Vous n'auriez pas dû être prévenu ?

Bruce Chaplin haussa les épaules et laissa tomber, désabusé :

– Ce sont des militaires. Ils ne nous aiment pas beaucoup. Mais c'est peut-être providentiel. S'ils réussissent… Je ne bougerai pas d'ici sans connaître le résultat. Laissez votre portable ouvert.

***

Ahmed arrêta la Chevrolet devant le *Rimal* et Malko se retourna.

– Demandez à Abed de préparer quelque chose à manger pour deux.

Il pénétra dans l'hôtel, et avant même de demander Souab Nakim, s'adressa à un maître d'hôtel.

– Je veux vous acheter deux bouteilles de champagne. Pour un anniversaire. C'est possible ?

– C'est *très* cher, *sir*, avertit l'Irakien. Deux cent dollars la bouteille.

Malko lui tendit quatre billets de cent dollars.

– J'attends.

L'employé revint avec deux bouteilles de Taittinger Comtes de Champagne, au moment où Souhab sortait de l'ascenseur. Éblouissante. Le maquillage de combat, plus de foulard, un haut extrêmement moulant, une grosse ceinture étranglant sa taille et toujours, une longue jupe noire, mais fendue à gauche jusqu'en haut de la cuisse.

Incarnation parfumée de l'authentique salope orientale. Malko avait l'impression qu'elle allait se mettre à faire la danse du ventre. Enfin quelques grammes de détente dans cet environnement angoissant.

– Où allons-nous ? demanda-t-elle.

Malko la prit par le bras, le sac contenant les deux bouteilles de Taittinger dans l'autre main.

– Surprise ! lança-t-il.

Ce n'est qu'installé dans la Caprice qu'il lui révéla son plan.

– J'ai prévenu Bruce Chaplin. Il se tiendra informé du déroulement de l'opération de ce soir. Elle est prévue à dix heures.

– Vous croyez que cela peut marcher ? demanda anxieusement la Libanaise.

– *Inch'Allah !* Tout est possible, fit Malko. Nous

allons donc attendre le résultat dans ma villa. J'ai prévu de quoi boire car j'ai vu, l'autre soir, que vous appréciiez le champagne.

– Mais après, il faut que je rentre ! protesta Souab.

– Ahmed vous raccompagnera.

Dix minutes plus tard, ils étaient rue n° 38. La Libanaise ouvrit de grands yeux en découvrant l'ex-cabinet dentaire, le vieux Gramophone et les postes de radio antédiluviens. Abed, très stylé, avait préparé à manger : salade de tomates, keftas avec du riz et des fruits.

– Je vais dire à Ahmed d'aller dîner, dit Malko.

Il ressortit. Ahmed attendait à côté de la Chevrolet.

– Je n'ai plus besoin de vous ce soir, dit Malko. À demain.

Ses nerfs avaient été mis à assez rude épreuve depuis le matin pour qu'il ait droit à une petite récréation.

***

Le bouchon de la première bouteille de Taittinger sauta avec un plouf assourdissant et le liquide ambré jaillit violemment, se répandant en partie sur la table. Souab, en riant, humecta le bout de son index de quelques bulles et le passa derrière son oreille.

– Ça porte bonheur, paraît-il.

– Nous allons avoir besoin, cette nuit, de toutes les chances, commenta Malko.

Évidemment, il n'y avait pas de flûtes, mais ils trinquèrent dans leur verre à vin. Le Champagne était quand même délicieux... Il enveloppa la Libanaise d'un long regard et fit soudain ce qu'il avait envie de faire depuis leur première rencontre. L'attirant par la taille et la plaquant contre lui, il écrasa sa bouche sur la sienne. Souab lui rendit son baiser, avec une technique éblouissante, puis s'écarta.

– Vous allez trop vite, fit-elle. J'ai faim.

Arrosés de Taittinger, les keftas préparés par Abed étaient mangeables. À la fin du repas, la première bouteille était vide. Abed avait disparu dans sa chambre, derrière la cuisine. Ils allèrent s'installer sur le canapé de l'ancien cabinet dentaire, en face du vieux Gramophone.

Malko jeta un coup d'œil à sa Breitling. Neuf heures dix. Son regard glissa un peu plus bas La fente de la longue jupe noire découvrait très haut la cuisse de Souab, gainée de nylon noir. D'un geste naturel, il posa la main dessus. Souab frémit imperceptiblement et demanda :

– C'est à dix heures, n'est-ce pas ?

– Oui, confirma-t-il.

Sa main remonta un peu plus haut, et l'extrémité de ses doigts atteignit une chair tiède. La Libanaise avait mis des bas, pas des collants. Encourageant.

Sans repousser sa main, elle se leva d'un geste naturel pour aller examiner le fauteuil de dentiste.

– C'est amusant, remarqua-t-elle, cela me rappelle mon enfance.

Comme pour raviver un souvenir, elle s'allongea sur le siège incliné. Dans le mouvement, la fente de sa jupe s'écarta encore plus et Malko aperçut fugitivement le trait noir d'une culotte. Ce qui fit sur lui l'effet de la cape rouge du matador sur le taureau…

À son tour, il s'approcha du fauteuil et, les yeux dans ceux de Souab alanguie sur le siège de cuir, glissa la main entre ses cuisses, ne s'arrêtant qu'au nylon noir de la culotte. Tiède et moite sous ses doigts. Il eut l'impression qu'une pompe invisible aspirait un flot de sang dans son sexe. Dieu que cette salope était bandante !

– Qu'est-ce que vous faites ? demanda Souab d'une voix mal assurée.

Répondant à son interrogation, Malko avait déjà

délicatement écarté l'élastique et plongeait en elle. Le miel coulait sur ses doigts. Souab respirait vite, les yeux fermés. Il se pencha et posa sa bouche sur celle de la Libanaise, avec l'impression de toucher un fruit rebondi et chaud. Il appuya un peu et les lèvres épaisses s'écartèrent. Pendant quelques secondes, la langue de Souab se recroquevilla, comme un animal effrayé, puis vint ensuite s'enrouler doucement autour de la sienne. En même temps, son bassin se soulevait légèrement, permettant à Malko de faire glisser le string, d'abord sur les fesses, puis le long des cuisses. Debout à côté du fauteuil, penché sur la jeune femme, il la débarrassa du petit chiffon de tissu qui tomba par terre.

Sa main s'activa plus vite, mais Souab se mit à se tortiller, détacha sa bouche de la sienne et protesta :

– Arrêtez ! Je ne veux pas. Je suis trop angoissée.

Comme Malko continuait à la caresser, elle lança à mi-voix :

– Vous n'allez quand même pas me violer ! Je vais crier.

Malko ne se troubla pas

– Abed dort, et, en plus, je ne pense pas qu'il soit très féministe.

Comme pour clore la discussion, il prit la main droite de Souab et la posa sous sa ceinture, sur son sexe raidi comme un épieu. Puis, il effleura la lourde poitrine et sentit aussitôt les pointes durcir sous ses doigts. Pendant un bon moment, il se contenta de la caresser, de jouer avec sa langue et de masser son sexe avec délicatesse, lui arrachant des soupirs de plus en plus forts. Le tissu de sa jupe était tendu sur ses cuisses, ses jambes essayaient de s'écarter, sans y parvenir. Son bassin bougeait sans arrêt, son ventre venait au-devant des doigts qui la caressaient.

Mais, à cause de la jupe étroite, il était impossible à Malko d'aller plus loin. Frustré, il lui souffla :

– Venez, nous serons mieux en haut.

– Non, non, laissez-moi !

Quelle merveilleuse allumeuse !

Il se remit à la caresser, avec fureur. Maintenant, elle se cambrait sans retenue, le mordait. Elle finit par appuyer la main sur la sienne, afin de l'enfoncer encore plus profondément dans son ventre. La tête rejetée en arrière, elle faisait des bonds de cabri sur le grand fauteuil, le front plissé, les lèvres retroussées dans un rictus de plaisir.

Soudain, elle poussa un cri rauque et se tendit de tous ses muscles. Elle venait tout simplement de jouir.

Ses doigts restèrent crispés quelques instants sur le membre raidi de Malko, puis retombèrent. Elle respirait profondément, les yeux clos. Apaisée. Puis ses yeux se rouvrirent et elle sourit.

– Si vous pouviez me donner un peu de champagne, cela serait parfait.

La salope ! C'était décidément une clitoridienne.

Gentleman même dans l'adversité, il alla déboucher la seconde bouteille de Taittinger et lui apporta un verre.

– Quelle heure est-il ? demanda Souab.

– Dix heures moins cinq, dit Malko après avoir consulté sa Breitling.

Ils pensaient tous les deux à la même chose. Malko se servit de champagne à son tour et s'assit sur le canapé. Souab se releva, récupéra son string et tourna la manivelle du Gramophone. La musique nasillarde d'une danse du ventre s'éleva dans la pièce mais Malko n'avait plus la tête à la bagatelle, sa libido gelée par l'angoisse.

Que se passait-il à cinquante kilomètres de là, à Fallouja ?

*
* *

Le portable de Malko sonna à onze heures dix. Lui et Souab étaient écroulés sur le canapé et venaient de finir la seconde bouteille de Taittinger Comtes de Champgne.

Malko sauta sur son portable, le pouls à 200. C'était peut-être la fin de sa mission.

***

– C'est raté, lança la voix lasse de Bruce Chaplin. La maison désignée était vide. Ils ont seulement trouvé un objet qui a pu appartenir à une des deux femmes. Un peigne.

– *Himmel Herr Gott!* soupira Malko, entrevoyant les complications à venir.

– Il y a eu de la casse, continua l'Américain. Au retour, ils ont été pris sous le feu des miliciens islamistes. Les Marines ont perdu trois hommes, plus deux blessés. Il a fallu l'intervention d'un Apache pour les dégager.

– On les attendait ?

– Impossible à savoir. L'incident a eu lieu lorsqu'ils se retiraient. Le tuyau était trop vieux. Je suis content d'être resté en dehors de cette histoire. J'espère que cela ne va pas perturber *notre* opération.

– J'espère aussi. J'aurai sûrement des nouvelles de Al-Soumeidai demain. Je suis désolé pour ces trois soldats.

Il coupa la communication. Souab dit aussitôt :

– Ça a raté, n'est-ce pas ?

– Oui.

Il lui expliqua les raisons de l'échec. Elle avait pâli.

– J'espère que les deux otages ne vont pas pâtir de cette action.

– Je le souhaite aussi.

Elle se leva.

– Bon, je n'ai plus de raison de rester ici. Votre chauffeur va me raccompagner.

Malko sourit.

– Mon chauffeur est parti depuis longtemps. À cette heure-ci, personne ne se promène dans Bagdad.

Elle mit quelques secondes à réagir.

– Vous l'avez fait exprès,

– Oui, confirma calmement Malko.

Il la reprit dans ses bras et elle se défendit mollement. Malko l'entraîna jusqu'à la chambre. En un clin d'œil, Souab n'eut plus que ses bas et ses escarpins. Sa poitrine pointait comme celle d'une fille de dix-huit ans. Quand Malko lui fit face, d'un geste naturel, elle s'agenouilla pour le prendre dans sa bouche.

Il ferma les yeux de bonheur. Pendant quelques minutes, son anxiété fut refoulée très loin au fond de son cortex. Il n'eut pas le temps de faire ce qu'il souhaitait. D'une bouche diaboliquement habile, Souab venait de déclencher son plaisir. Elle resta accrochée à lui tandis qu'il se vidait dans sa bouche. Ils se traînèrent ensuite jusqu'au lit. Malko, dans sa tête, avait encore très envie de la Libanaise, mais ses nerfs le trahirent. De nouveau, son cerveau s'était mis en route, évaluant les dégâts possibles de la bavure américaine et de l'expédition ratée des Marines. L'addition risquait d'être lourde pour les otages.

***

Honteuse, Souab contemplait sa tenue de soirée. Les employés du *Rimal* allaient en faire des gorges chaudes. Elle et Malko, épuisés par la tension nerveuse, avaient dormi jusqu'à neuf heures.

– J'espère que nous n'allons pas apprendre de catastrophe ! dit-il en prenant place dans la Chevrolet.

Ahmed franchit le check-point défendant la rue n° 38 puis tourna dans Nidhal Street. Ils avaient parcouru environ cinq cents mètres quand il avertit d'une voix calme :

– Un taxi nous suit.

Malko se retourna et repéra les ailes orange d'un taxi, vingt mètres derrière eux. Souab avait pâli. À tout hasard, il sortit le Glock de sa pochette et l'arma. Ahmed accéléra et le taxi se laissa distancer. Soulagé, Malko posa sa main sur celle de Souab.

– Fausse alerte !

Il n'avait pas terminé sa phrase qu'une vieille Mercedes jaillit d'une petite rue sur leur droite et pila juste devant eux. Pour éviter la collision, Ahmed écrasa le frein. En un éclair, Malko vit le taxi arriver à leur hauteur et s'arrêter à son tour. Il aperçut à l'intérieur des hommes encagoulés.

Au même moment, trois hommes en uniforme bleu, avec des gilets pare-balles et des Kalachnikov, jaillirent de la Mercedes.

C'était un kidnapping.

CHAPITRE IX

Souab Nakim poussa un cri perçant et plongea sur la banquette. Ahmed, dans un réflexe instantané, passa la marche arrière et la Chevrolet fit en bond en arrière, échappant à l'encerclement. Surpris, les trois hommes jaillis de la Mercedes n'eurent pas le temps de réagir. C'était surréaliste : en dépit de ces hommes armés bloquant une partie de Nidhal Street, sur l'autre voie la circulation continuait à s'écouler comme si de rien n'était. Malko serra la crosse du Glock, hésitant à tirer. Si leurs adversaires ripostaient à la Kalach, ils étaient tous morts. Visiblement, leur objectif était de les enveler, sinon, ils auraient ouvert le feu depuis longtemps.

Ahmed continua à reculer, puis donna un violent coup de volant, se mettant en travers de la rue, pour repartir dans l'autre sens.

Un des hommes de la Mercedes épaula alors sa Kalach, visant la voiture. Malko et Ahmed plongèrent ensemble sur la banquette.

Une longue rafale claqua presque en même temps. Il fallut quelques fractions de seconde à Malko pour réaliser qu'il ne s'agissait pas des détonations sèches d'une Kalach, mais d'une arme de plus gros calibre. Il se redressa prudemment pour découvrir les trois passagers de la vieille Mercedes allongés sur la chaussée. La voiture elle-même était en train de se désintégrer sous les impacts de multiples projectiles. Il se retourna et découvrit trois Humwee d'une patrouille américaine, arrêtés juste derrière eux. De la tourelle bricolée du premier, un soldat américain arrosait leurs agresseurs à la mitrailleuse lourde !

Le feu cessa brutalement. Quelques secondes plus tard, un homme, le visage masqué d'un keffieh, surgit d'une petite rue transversale, un RPG7 sur l'épaule. Sans hésiter, il visa le pare-brise du premier Humwee. La roquette partit et la Jeep blindé se balança sous le choc, l'avant en feu, au moment où la mitrailleuse lourde le prenait sous son feu.

L'homme au RPG s'écroula, coupé en deux, tandis que le taxi filait sans demander son reste, se perdant dans la circulation. Malko sauta à terre, laissant son pistolet dans la Chevrolet. Les GI étaient trop nerveux pour prendre des risques. Le premier Humwee brûlait. Le mitrailleur était en train de s'extraire de sa tourelle. Il sauta à terre, pistolet au poing, rejoint par les soldats des deux autres véhicules. L'un d'eux, à l'aide d'un extincteur, tenta en vain d'éteindre l'incendie. Les corps des deux soldats assis à l'avant n'étaient plus que des masses informes et noirâtres. Malko en eut un haut-le-cœur. Dans un grondement d'enfer, un Blackhawk surgit au ras des toits et s'immobilisa en vol stationnaire au-dessus de Nidhal Street. Par ses portes latérales ouvertes, Malko pouvait apercevoir ses deux mitrailleurs agrippés à leurs machines et les missiles suspendus dans leurs paniers, sous les moignons d'ailes.

Un Américain casqué, pistolet au poing, courut vers Malko et hurla :

– *You have casualties*[1] ?

– *No*, répliqua Malko. *It's gona be all right*[2].

1. Vous avez des pertes ?
2. Non, ça va aller.

Souab sortit de la Chevrolet, titubante. Ils durent reculer, à cause de la chaleur dégagée par l'incendie du Humwee. Un second hélico, un Apache, reconnaissable à la boule au-dessus de son rotor, surgit à son tour. Les passants avaient disparu et Nidhal Street s'était vidée, les automobilistes irakiens ayant fait précipitamment demi-tour.

Les deux Humwee intacts avaient reculé et couvraient de leurs armes le véhicule en train de brûler. Un fourgon de la police irakienne arriva sur les chapeaux de roues, débarquant une horde de policiers armés de Kalach, visiblement terrifiés. Malko regagna la Chevrolet, entraînant Souab.

– Filons, dit-il.

Ahmed s'éloigna tout doucement, pour ne pas inquiéter les Américains. Des gamins commençaient à s'attrouper sur le trottoir. Un des plus âgés regarda Malko et passa lentement son pouce sur sa gorge, avec un sourire mauvais.

*
* *

– Ce n'est pas *forcément* la réponse à l'histoire de Shadaf Al-Janabi, assura Bruce Chaplin. Moi, je crois plutôt qu'un des types du check-point de la rue n° 38 informe la résistance. On a repéré un étranger et organisé son enlèvement. C'est courant. Je ne pense pas qu'ils aient eu le temps d'organiser cela depuis Fallouja en quelques heures. C'est une simple coïncidence.

– C'est possible, reconnut Malko.

Après avoir déposé Souab Nakim, défaite, à son hôtel, il avait foncé à l'hôtel *Al Saader*. Bruce Chaplin, les traits tirés, pas rasé, était visiblement épuisé. Il avait très peu dormi, occupé une partie de la nuit à découvrir ce qui s'était passé à Fallouja, lors de la tentative ratée des Marines de récupérer les deux otages. Il se laissa tomber dans son fauteuil et annonça :

– J'ai peut-être quand même une bonne nouvelle.

– Il serait temps, soupira Malko. Nous sommes aujourd'hui à trois jours de l'expiration de l'ultimatum. Et je rencontre tout à l'heure Moumir, l'islamiste retourné par le docteur Zayman. Ce serait un miracle s'il pouvait monter son affaire dans un délai aussi bref.

– J'ai peut-être trouvé un moyen de gagner un peu de temps, enchaîna le *senior officer* de la CIA. En peignant mes dossiers, j'ai découvert que nous avons arrêté, il y a un mois, le propre beau-frère d'Abdallah Al-Janabi. Il s'appelle Kassem Al-Janabi. Une grosse pointure. Nous le soupçonnons d'être le trait d'union entre les groupes de Fallouja et Al-Qaida.

– Vous le libéreriez en échange d'un délai de grâce pour les deux otages ? demanda Malko, sceptique.

– Ce n'est pas en mon pouvoir, reconnut l'Américain, mais, étant donné l'importance du dossier italien, on peut y arriver avec l'intervention directe de la Maison Blanche. Sinon, cela prendra des semaines. Puisque vous connaissez quelqu'un à Washington.

Une fois de plus, Malko se retrouvait en première ligne… Avec quelques heures pour résoudre des problèmes qui auraient, normalement, demandé des mois.

– Je ne veux pas déranger Frank Capistrano pour rien, répliqua-t-il. Je vais d'abord tâter le terrain avec l'imam Al-Soumeidai. Si je le sens réceptif, j'alerterai Capistrano. J'attends la fin de la journée, puisqu'il est à Fallouja aujourd'hui. En attendant, je vais voir Moumir et la doctoresse.

***

Cette fois, le jeune Irakien semblait moins terrifié. Habiba Zayman rassura tout de suite Malko.

– Moumir s'est mis d'accord avec son copain Said. Celui-ci est prêt à partir avec lui. Ils voudraient tous les deux savoir ce que cela va leur rapporter, parce que c'est très dangereux. Ils vont être obligés de quitter leurs familles et Fallouja.

Malko fut à la fois soulagé et inquiet. Visiblement, le jeune homme avait pris conscience de l'importance de ce qu'on lui demandait. Autant le motiver.

– Je comprends parfaitement, dit-il. Ils auront chacun cent mille dollars !

Il attendit tandis que la doctoresse traduisait son offre. À la lueur qui brilla dans le regard de Moumir, il comprit qu'une somme pareille l'impressionnait. Il ignorait heureusement les huit millions de dollars gaspillés par les Italiens.

– Il est d'accord, confirma le médecin. C'est à moi qu'il faudra verser cet argent, dans un premier temps.

Un grand poids de moins… Malko était sur des charbons ardents, avec la désagréable impression d'être un jongleur d'assiettes. Il fallait que toutes les assiettes, en l'occurrence, les éléments disparates de son plan de sauvetage des deux otages italiennes, tournent en même temps. On arrivait aux deux questions cruciales qui restaient à résoudre.

– Comment compte-t-il fuir la zone tenue par la résistance à Fallouja ? interrogea-t-il.

Apparemment, ils avaient déjà abordé le sujet, car Habiba Zayman répondit aussitôt :

– Un de ses cousins a un magasin d'électro-ménager à Fallouja. Il fait sans cesse la navette avec Bagdad pour livrer du matériel. Les moudjahidins ont l'habitude de le voir circuler et ne l'arrêtent pas. Moumir va s'arranger avec son cousin pour que, le jour venu, il laisse les clefs sur son véhicule. Moumir ne sait pas conduire, mais Said a son permis. Il faudra donner un peu d'argent à cet homme.

– Aucun problème, assura Malko. L'argent sera disponible quand ils en auront besoin. Quand seront-ils prêts à agir ?

Cette fois, il y eu une longue conversation entre Moumir et Habiba Zayman. Celle-ci la résuma ensuite pour Malko.

– Cela va prendre plusieurs jours. Il faut attendre que Said et lui soient en même temps chargés de la surveillance des otages. Et puis, il doit s'organiser avec son cousin. Il pense que dans une semaine, ils seront prêts. Ensuite, il faudra se mettre d'accord sur un point de rencontre sûr, parce que les Américains tirent souvent sur les véhicules qui quittent Fallouja.

Une semaine ! S'il ne trouvait pas un moyen de prolonger l'ultimatum du groupe Tawhid wal-Jihad, les deux Italiennes seraient décapitées depuis longtemps…

– Je leur indiquerai, le jour venu, un itinéraire sûr, affirma-t-il. A-t-il besoin d'autre chose ?

– Non.

– Quand le revoyez-vous ?

– Dans trois jours. Il ne peut pas revenir avant. À ce moment-là, il aura contacté son cousin.

Moumir était déjà debout avec son carton de médicaments. Il adressa un sourire timide à Malko et fila vers la porte. Resté seul avec la doctoresse, Malko ne put s'empêcher de demander :

– On peut compter sur lui ?

Elle alluma une cigarette avant de répondre.

– Je le pense. Nous avons parlé près d'une demi-heure. Il sait que les Américains vont attaquer Fallouja et qu'il risque de mourir. Ce n'est ni un fanatique ni un kamikaze. Il est dans la résistance parce qu'aujourd'hui, à Fallouja, tout le monde porte la barbe et fait de la résistance… Il sait aussi qu'il n'aura jamais une autre occasion de gagner autant d'argent. Alors, entre attaquer un char Abrams à la Kalachnikov et faire évader les deux Italiennes, il pense qu'il court moins de risques avec la seconde solution.

– Il n'a pas tort, approuva Malko. Je ne sais pas comment vous remercier.

L'Irakienne lui adressa un pâle sourire.

– Vous me remercierez quand elles seront ici, toutes les deux. Je n'ai pas voulu en parler devant Moumir, mais l'ultimatum du groupe Tawhid wal-Jihad expire dans trois jours. Vous avez trouvé une solution ?

– J'y travaille, répondit Malko. En sortant d'ici, je vais à la mosquée de Mehdi Al-Soumeidai. Souhaitez-moi bonne chance.

– *Inch'Allah*, j'espère que vous y arriverez, soupira la doctoresse. Ces deux Italiennes ne méritent pas de mourir.

***

La mosquée Ibn Taimiya semblait endormie sous le soleil brûlant. Dans l'après-midi, il y avait peu de fidèles. Ahmed se fit ouvrir la grille et on laissa même la Chevrolet entrer dans le parc. Le chauffeur alla se renseigner à l'intérieur et revint, dépité.

– L'imam n'est pas encore rentré de Fallouja. Ils ne savent même pas s'il va revenir aujourd'hui. On nous conseille de revenir plus tard ou demain.

– Pas question. On attend.

Un chiffre tournait dans sa tête, obsédant. Trois jours. S'il n'arrivait pas à faire un *deal* avec les kidnappeurs, toute la manip' avec Moumir ne servirait à rien. Il sortit de la voiture pour se dégourdir les jambes. Le grondement de la circulation sur le nœud autoroutier dominant la mosquée faisait un bruit de fond abrutissant.

Après avoir fait le tour du parc, il revint dans la voiture. Dehors, il régnait une chaleur écrasante. Installé sur le siège arrière, il finit, sans même s'en rendre compte, par s'assoupir. C'est la voix d'Ahmed qui le réveilla en sursaut.

– L'imam vient d'arriver !

Malko se dressa d'un bond et jeta un coup d'œil à sa Breitling. Il avait dormi presque deux heures. L'épuisement nerveux. Il jaillit de la voiture juste à temps pour voir le turban blanc de l'imam Al-Soumeidai émerger d'une vieille Mercedes grise. Amin, le barbu traducteur, escortait l'imam.

Ahmed et Malko se précipitèrent et Al-Soumeidai, prévenu par un de ceux qui l'accompagnaient, se retourna. Figé net. Son regard encore plus sévère que d'habitude, il jeta une phrase brève répercutée aussitôt par Ahmed.

– Il demande comment vous osez vous présenter devant lui.

Intérieurement, Malko poussa un effroyable juron. Que s'était-il encore passé ? Bruce Chaplin s'était engagé à ce que la mort du cousin d'Abdallah Al-Janabi demeure secrète. Ou alors, l'imam le reliait à la tentative des Marines pour libérer les otages. De toute façon, il fallait réagir vite.

– Je suis venu m'expliquer avec l'imam, dit-il avec une humilité voulue.

Sans trop s'engager.

Le regard de Al-Soumeidai flamboya et il jeta une sorte d'aboiement qui fit rentrer sous terre le malheureux Ahmed, lequel traduisit d'une voix balbutiante :

– Il dit que vous avez promis de faire libérer un homme qui était déjà mort. Qu'Allah vous punira pour votre hypocrisie !

Le terme d'« hypocrite » était une des injures les plus graves, aux yeux des religieux. Malko maudit intérieurement Bruce Chaplin. Un nouveau dysfonctionnement. Avec la même humilité, il rétorqua :

– Dites à l'imam que ma bonne foi a été trahie. Je pensais que cet homme était toujours vivant. Moi aussi, j'ai été trompé.

Une phrase brève tomba de la bouche du religieux.

– On ne peut pas faire confiance aux Américains.

Déjà, il tournait les talons.

– Dites-lui de m'écouter, supplia Malko. J'ai quelque chose d'important à lui dire. Qui pourrait réparer cette effroyable méprise.

Ahmed courut littéralement derrière l'imam, marchant à sa hauteur jusqu'à ce que le religieux s'arrête et se retourne vers Malko.

– Que veut-il me dire ? lança-t-il à Ahmed.

Malko prit son élan. Il s'était juré de ne pas mentionner le prisonnier de la CIA, Kassem Al-Janabi, tant qu'il ne serait pas certain de pouvoir obtenir sa libération. Cependant, il sentait que s'il n'offrait pas quelque chose de concret à Al-Soumeidai, les ponts seraient rompus. Il était donc obligé de prendre un risque calculé.

– Ahmed, dit-il, expliquez-lui que les Américains détiennent depuis un mois le beau-frère d'Abdallah Al-Janabi, Kassem Al-Janabi. Des charges très lourdes pèsent contre lui et il risque d'être envoyé à Guantanamo. Je peux obtenir la libération de cet homme, sous certaines conditions.

Guantanamo, c'était le mot magique qui terrifiait tous les Arabes. Synonyme d'éloignement indéfini...

L'imam Al-Soumeidai demeura un long moment sans répondre, pesant visiblement le pour et le contre. Finalement, il jeta une phrase brève et reprit sa marche en direction de la mosquée.

– Il dit qu'il ne veut plus prendre de responsabilité, traduisit Ahmed. Que nous venions avec lui pour transmettre directement cette offre à l'imam Al-Janabi.

*
* *

Ahmed composa sur le portable de Malko le 07901 459941 et attendit, le cœur battant. Lorsqu'on dérocha, il demanda d'une voix humble à parler à l'imam Al-Janabi, puis tendit l'appareil à Al-Soumeidai. De mauvaise grâce, ce dernier se lança dans un long discours où Malko reconnut au passage le nom du beau-frère emprisonné. La conversation se prolongea, puis Mehdi Al-Soumeidai lança quelques mots à Ahmed, en lui rendant le portable. Malko était tendu comme une corde à violon. De cette conversation dépendait probablement le sort des deux Italiennes. Ahmed parlait à nouveau. Il leva la tête et dit.

– L'imam accepte de discuter avec vous.

– Remerciez-le, dit Malko. Quand et où ?

Bref aller-retour.

– Demain, à Fallouja, répercuta Ahmed.

Malko crut avoir mal compris.

– À Fallouja ?

– Oui, confirma Ahmed, il vous attend, après la troisième prière.

L'imam Al-Soumeidai ne le quittait pas des yeux. C'était la minute de vérité. Aucun étranger n'allait plus depuis des semaines à Fallouja, bastion de la résistance islamique. Là où on gardait les otages avant de les décapiter.

– Très bien, s'entendit répondre Malko. Je serai à Fallouja demain.

CHAPITRE X

Il y eut un long silence. Visiblement, personne, pas même Ahmed, ne s'attendait à ce que Malko accepte de se rendre à Fallouja. Celui-ci en profita pour enfoncer le clou, s'adressant directement à Amin, le barbu interprète.

– L'imam Al-Janabi doit savoir que ma bonne foi a été surprise dans le cas de son cousin. Je suis prêt à aller à Fallouja parce que j'ai la conscience tranquille. Et aussi, parce que je tiens à résoudre le cas des deux otages italiennes.

Amir, l'interprète, leva la main pour interrompre Malko et traduisit rapidement ce qu'il venait de dire. La réponse de Mehdi Al-Soumeidai fut brève.

– Que voulez-vous demander à l'imam Abdallah Al-Janabi en échange de votre intervention en faveur de son beau-frère ?

– Une intervention auprès du groupe Tawhid wal-Jihad afin d'obtenir un délai permettant de trouver une solution juste à cette affaire.

Il commençait à maîtriser la phraséologie des islamistes. Amin traduisit et il lui sembla que les traits de Mehdi Al-Soumeidai se détendaient. Visiblement, l'attitude de Malko l'impressionnait favorablement. Il lâcha une longue phrase d'un ton solennel puis se leva, après un bref signe de tête.

– Notre imam est d'accord avec votre approche, dit Amin. Il vous accompagnera à Fallouja afin d'assurer votre sécurité. Soyez ici demain matin à huit heures.

– Je le remercie, répondit Malko à son tour.

Quand il émergea de la mosquée, la nuit commençait à tomber. Il se sentait inexplicablement heureux d'avoir obtenu un billet pour l'enfer.

Désormais, pour que ce ne soit pas un aller simple, il y avait quelques sérieux problèmes à résoudre… Le premier étant de découvrir *comment* l'imam Al-Janabi avait découvert la mort « accidentelle » de son cousin. Le second, et le plus important, était d'obtenir la libération du beau-frère de l'imam. La monnaie d'échange de Malko. Celui-ci se glissa sur la banquette de la Chevrolet. La journée n'était pas terminée.

– On retourne au *Al Saader*, lança-t-il à Ahmed.

*
* *

Les traits de Bruce Chaplin, déjà tirés par la fatigue, s'affaissèrent quand il apprit que l'imam Al-Janabi était au courant de la mort de son cousin.

– *No kidding*[1] *!* explosa-t-il. Qu'est-ce que ces cons ont encore magouillé !

Il appuya sur la touche de son interphone et lança à sa secrétaire :

– Appelez-moi le colonel Geoffrey Miller, à la 82e Airborne. Et qu'on ne me dise pas qu'il n'est pas là…

Ils attendirent quelques instants en silence, puis la voix de la secrétaire annonça :

– Je vous passe le colonel Geoffrey Miller.

1. C'est pas vrai !

Bruce Chaplin écourta au maximum les formules de politesse.

– Qu'est-ce que c'est que cette *foutue* connerie ? lança-t-il, furibond. Vous m'aviez juré que *personne* n'apprendrait la mort de votre *foutu* prisonnier. Or, l'imam Al-Janabi est au courant. Un de mes hommes a failli y rester à cause de cette *foutue* indiscrétion. Que s'est-il passé ?

Malko n'entendit pas toutes les explications embrouillées du colonel de la 82e Airborne Division. Bruce Chaplin raccrocha, excédé par la courte conversation, et lâcha, visiblement écœuré :

– C'est un officier irakien de la Garde nationale qui a balancé ! Pour se faire bien voir de la résistance. Il est allé couiner que le prisonnier était mort accidentellement. Aussitôt, la famille est venue assiéger le QG pour qu'on leur rende le corps. L'officier de permanence n'a pas eu le *guts*[1] de nier. Et voilà la merde ! Dans ce putain de pays, c'est tout le temps pareil. Tout le monde nous trahit. La population nous hait, nos soi-disant alliés irakiens jouent le double jeu. C'est facile : chez nous, personne ne comprend un seul mot de leur *foutue* langue.

Un ange passa, repeint aux couleurs irakiennes, et s'enfuit, horrifié.

Malko laissa l'Américain se calmer, puis attaqua le sujet principal.

– Bruce, dit-il, j'ai réussi à convaincre l'imam Al-Soumeidai de me faire rencontrer son homologue de Fallouja, pour tenter d'obtenir un report de l'ultimatum. Que nous ayons le temps, grâce à l'opération Moumir, d'exfiltrer les deux otages. Mais…

Bruce Chaplin le coupa, enthousiaste.

– *Fabulous !* Où le rencontrez-vous ?

1. Le courage.

– Demain, à Fallouja.

Le *senior officer* de la CIA eut un haut-le-corps.

– À *Fallouja* ! Vous êtes fou ! Je vous interdis d'aller là-bas.

– Dans ce cas, vous pouvez commencer à préparer la Maison Blanche à l'exécution des deux italiennes. Je vous signale que l'ultimatum expire dans *trois* jours.

Sonné, l'Américain ne retrouva la parole qu'après un silence interminable.

– Malko, fit-il d'un ton nettement plus conciliant, vous savez bien que Fallouja est l'endroit le plus dangereux d'Irak. Je ne peux pas vous protéger là-bas.

– Ici non plus, souligna perfidement Malko. Et si je ne vais pas là-bas, il n'y a aucune chance d'obtenir quelque chose de l'imam Al-Janabi. Alors, il y a un problème *vraiment* urgent à résoudre. La libération du beau-frère, Kassem Al-Janabi.

Le silence qui tomba sur le bureau fit l'impression à Malko d'une chape de plomb. Bruce Chaplin ouvrit la bouche, la referma, la rouvrit, avant d'avouer d'une voix mal assurée :

– Cela ne va pas être facile. Il n'est plus ici, en Irak.

Malko faillit en décoller de son siège.

– Il est à Guantanamo ?

– Non. À la Ferme.

The Farm. Un des centres d'interrogatoire secret de la CIA. Quelque part en Virginie. Malko eut l'impression qu'on venait de lui poser un bloc de ciment sur l'estomac.

– Pourquoi ne me l'avez-vous pas dit !

– Vous ne me l'avez pas demandé, rétorqua, penaud, Bruce Chaplin. En plus, je suis tenu de garder le secret. Ce genre de transfert est illégal au regard de la Convention de Genève. Je pense qu'il vaut mieux remettre votre voyage à Fallouja.

– Pas question, répliqua Malko d'un ton cinglant.

Ou les otages sont fichues. Une question : il n'est pas trop abîmé ?

– Je ne pense pas, bredouilla l'Américain. Là-bas, ce n'est pas Guantanamo.

Malko baissa les yeux sur sa Breitling. À Washington, il était onze heures du matin. Il se leva.

– J'ai besoin d'utiliser un de vos téléphones sécurisés.

Une fois de plus, il allait faire appel à son meilleur allié au sein de l'Administration américaine : Frank Capistrano, le *Special Advisor for Security* de la Maison Blanche. Cinq minutes plus tard, il était dans un bureau insonorisé et composait le numéro de la ligne directe de Frank Capistrano. Pourvu qu'il ne soit pas en réunion. C'était le seul risque. Le *Special Advisor* n'était jamais ni malade ni en vacances.

Quand il entendit sa voix rocailleuse et lasse au bout du fil, il remercia le ciel.

– Frank, annonça-t-il, je vous appelle parce que ma vie est entre vos mains…

***

Vingt-sept minutes, montre en main. Bien que la pièce soit climatisée, Malko ressortit du petit bureau en nage, comme s'il avait couru un marathon. Frank Capistrano avait mis en œuvre toutes ses ressources. Obtenu d'abord le feu vert de George W. Bush pour la libération de ce prisonnier VIP, grâce à une conversation en tête à tête de cinq minutes avec le Président des États-Unis. Celui-ci avait certes des défauts, mais il se décidait vite. Ensuite, Frank Capistrano avait employé toute son énergie à faire bouger les rouages de la lourde administration de la Central Intelligence Agency.

Malko regagna le bureau de Bruce Chaplin. Celui-ci referma un dossier et demanda anxieusement :

– Alors ?

– Kassem Al-Janabi décollera dans deux heures de National Airport, à Washington D.C., dans un Falcon 900 affrété par l'Agence. Il fera une escale technique à Madrid et devrait se poser à Bagdad, demain matin, entre 4 et 5 heures, heure locale.

Sans Frank Capistrano, cela aurait pris entre un et deux siècles. Bruce Chaplin contempla Malko, stupéfait.

– *I can't believe it*[1] *!* marmonna-t-il.

– Il reste quand même quelques problèmes à résoudre, souligna Malko. Le premier est de garder au chaud le prisonnier tant que je ne me serai pas mis d'accord avec l'imam Al-Janabi. Le second est la « livraison ».

Euphorique, Bruce Chaplin balaya ces broutilles.

– Je vous le livrerai *moi-même*, affirma-t-il. Pour être certain qu'il n'y aura pas de bavures. Écoutez, on va fêter ça. D'abord, on prend un verre ici et, ensuite, je vous emmène dîner au *Sheraton*. C'est ce qu'il y a de moins pire et c'est à peu près *safe*, à part une roquette de temps en temps.

Malko aurait préféré dîner avec Souab Nakim, mais c'était difficile de refuser. Pendant que l'Américain fonçait vers son bar, il réalisa qu'il n'avait eu aucune nouvelle de la Libanaise depuis qu'il l'avait déposée au *Rimal*, après leur tentative de kidnapping. Il l'appela.

– Malko, fit-elle, je tremble encore ! Qu'est-ce que j'ai eu peur ! Je suis toujours à l'ambassade. L'ambassadeur est effondré. Il a été convoqué dans la « zone verte ». Le général des Marines est furieux d'avoir perdu des hommes et échoué dans sa mission. Il a accusé Lorenzo Modino d'avoir agi à la légère. Ce

1. Je ne peux pas y croire !

dernier s'est retourné contre Walid qui prétend qu'on n'a pas agi assez vite. Bref, c'est la merde.

– Bon courage, fit Malko. Je vous rappelle demain. Nous pourrions dîner ensemble.

– Avec plaisir, fit la Libanaise.

Ce serait une juste compensation pour son expédition à Fallouja... Bruce Chaplin avait posé sur la table basse une bouteille de Defender « 5 ans d'âge » et une de vodka Stolichnaya. Ils trinquèrent.

– *Good luck for tomorrow*[1] *!* lança l'Américain.

– Une partie dépend de vous, souligna Malko. Je vous appellerai avant mon départ afin de vérifier si le Falcon 900 est bien arrivé. Ensuite, nous resterons en liaison par mon Thuraya.

– Grâce au GPS, souligna l'Américain, je pourrai vous localiser en temps réel.

– Vous savez où je serai : au QG de l'imam Al-Janabi. Si ça se passe mal, je ne vois pas ce que vous pourrez faire...

– Allons ! Ne soyez pas pessimiste, lança Bruce Chaplin en terminant son Defender. J'ai faim. Allons dîner.

***

L'ascenseur extérieur du *Sheraton* montait avec une sage lenteur le long d'une façade poussiéreuse, offrant une vue panoramique de Bagdad. Le tapis de lumière occultait la laideur de la ville, si criante de jour. La cabine stoppa avec un grincement au dix-neuvième étage. À peine les portes eurent-elles coulissé que Bruce Chaplin et Malko se trouvèrent nez à nez avec un petit Gurkha trapu, en tenue de combat et casqué, qui braquait un M-16 sur eux, à vingt centimètres. Cet

1. Bonne chance pour demain.

étage était *off limits*, sauf pour les innombrables « chiens de guerre » employés par le gouvernement américain et les sociétés privées opérant en Irak.

Bruce Chaplin exhiba sa carte officielle et ils purent gagner le restaurant, à moitié vide. Les mercenaires se nourrissaient de bière et de hamburgers dans leurs chambres.

L'atmosphère était sinistre et la nourriture se révéla infâme. L'Américain se remit au Defender « Success », dégoûté par la bière tiède. À travers les baies vitrées, on apercevait de l'autre côté du fleuve les lumières de la « zone verte ». Les anciens palais de Saddam occupaient plusieurs dizaines d'hectares. De temps en temps, une brève lueur signalait une explosion. La guerre ne s'arrêtait jamais à Bagdad. Bruce Chaplin soupira.

– Je sais que vous avez déjà réussi une belle libération d'otages en Colombie [1]. J'espère que vous aurez autant de chance ici. Mais les risques sont plus élevés…

– En Colombie, précisa Malko, il n'y avait qu'un *seul* canal. Ici, il y a les contacts de l'ambassadeur, les miens et peut-être encore d'autres, à travers l'imam. Trop de gens sont impliqués. On sait qu'il y a beaucoup d'argent en jeu et cela aiguise les appétits.

– Et surtout, compléta l'Américain, ces islamistes sont imprévisibles. Ils jouent avec nos nerfs, utilisent parfaitement les médias. L'ambassadeur d'Italie n'en dort plus. À chaque seconde, il s'attend à recevoir une cassette de l'exécution des deux otages. En Italie, cela déclencherait pour Berlusconi une crise politique majeure.

Visiblement, Bruce Chaplin n'avait pas envie d'aller se coucher. Il prit un dernier Defender, pratiquement

1. Voir SAS n° 153 : *Ramenez-les vivants.*

pur, avant de donner le signal du départ. Il n'était guère que huit heures et demie…

Quand ils reprirent l'ascenseur, le petit Gurkha était toujours à son poste, discipliné comme un automate. Un brouhaha montait du bar jouxtant le restaurant, où les « chiens de guerre » se distrayaient. Sans femmes : elles étaient interdites à cet étage. Dans la journée, quelques intrépides se risquaient à la piscine dominant le Tigre. Ce qui permettait aux pilotes des Blackhawk et des Apache d'admirer quelques filles en train de bronzer, lorsqu'ils passaient au-dessus du *Sheraton*.

À Bagdad, il n'y avait que des joies minuscules.

Les portières de la Mercedes du *senior officer* claquèrent comme des coffres-forts. Le blindage. Silencieusement, un garde de sécurité prit place à l'avant, un M-16 équipé d'un lance-grenades en travers des genoux. Les quatre autres hommes de la protection de Bruce Chaplin montèrent dans la Toyota qui ouvrait la route.

Le vide et le silence de cette ville immense étaient stupéfiants. Pas un piéton, pas une voiture ! Pas une boutique ouverte. Ils filaient à travers des avenues désertes. Lorsqu'ils parvinrent en vue de l'ambassade des Pays-Bas, un projecteur s'alluma, braqué sur le véhicule. Le check-point de la rue n° 38. Abrités derrière leurs sacs de sable, les miliciens braquaient leurs Kalach. Un des hommes d'escorte leur cria quelque chose et le projecteur s'éteignit. Trois minutes plus tard, Malko était chez lui. Au moment où il se couchait, un hélico passa au-dessus de la maison, volant très bas et faisant trembler les vitres.

Dans douze heures, il serait à Fallouja. La chaudière de Satan, comme disaient les Marines. Où aucun étranger ne mettait plus les pieds depuis des mois.

CHAPITRE XI

– Le Falcon 900 a pris un peu de retard à Madrid, annonça Bruce Chaplin. Un petit incident technique. Son atterrissage est prévu à Bagdad vers 10 heures.

Malko ravala sa rage. Il arrivait devant la grille de la mosquée Ibn Taimiya. La vieille Mercedes aperçue la veille était garée devant le perron et il aperçut le turban blanc de l'imam Al-Soumeidai à côté. Il ne pouvait plus reculer.

– Très bien, dit-il. Récupérez-le au plus vite et, dès que vous l'aurez, appelez-moi sur mon Thuraya. J'epère qu'il n'y aura pas d'autre contretemps. Dans un peu plus d'une heure, je serai à Fallouja.

Il coupa la communication. La Chevrolet venait de s'arrêter devant la grille, qu'il franchit à pied. Il avait peu et mal dormi, se demandant s'il ne commettait pas une folie en allant se jeter dans la gueule du loup. Une fois franchies les positions américaines qui encerclaient la ville à distance, personne ne pourrait plus lui venir en aide. Il avait glissé dans sa ceinture le Glock, une balle dans le canon, dissimulé par sa chemise portée par-dessus son pantalon. Dans sa pochette de cuir, il avait un chargeur de rechange, son portable et son Thuraya.

Modeste trousse de survie.

Il s'avança vers la vieille Mercedes. L'imam Al-

Soumeidai était accompagné de deux personnes. Amin, l'interprète barbu, et un gros homme en keffieh blanc à la dichdacha rebondie. Amin annonça :

– Le cheikh Abdullah Motar nous accompagne. C'est le cousin du cheikh Hicham Duleimi, le président de l'association des chefs de tribus. Il contrôle certains des barrages de la résistance.

– Quand serons-nous de retour ? interrogea Malko.

– *Inch'Allah*, avant la nuit.

Pour aller à Fallouja, il fallait un peu plus d'une heure, si on ne perdait pas trop de temps aux *check-points* ou s'il n'y avait pas de voiture piégée sur l'itinéraire... Ils prirent place dans la Mercedes, conduite par un chauffeur barbu. Le gros cheikh Motar avait pris place à l'avant et Malko se trouvait coincé entre Amin, l'interprète, et l'imam. Celui-ci remarqua la bosse sous la chemise de Malko et demanda, par l'intermédiaire d'Amin :

– Vous êtes armé ?

– Oui, reconnut Malko. J'ai entièrement confiance en votre protection, mais Fallouja est une zone dangereuse, avec certains groupes incontrôlés. C'est donc une simple précaution, qui se révélera sûrement inutile. Mais je n'ai pas vocation à devenir otage.

Amin traduisit et l'imam ne fit aucun commentaire. Dans ce pays, où même les enfants étaient armés, un pistolet ne choquait personne. En sortant de la mosquée, ils prirent d'abord Airport Road, un freeway se terminant en impasse, puis tournèrent à droite dans Rabia Street, pour gagner l'Abu-Ghraib Expressway, filant vers l'ouest, au carrefour surmonté d'un étrange monument en forme de dent.

Dix minutes plus tard, Malko aperçut des miradors et des barbelés : la sinistre prison d'Abu Ghraib où il avait été brièvement détenu un an plus tôt. L'imam Al-

Soumeidai lâcha quelques mots, traduits aussitôt par Amin.

– C'est là que nous sommes restés six mois, traités comme des porcs.

La route filait tout droit au milieu du désert, bordée de nombreuses habitations. Il n'y avait pas un kilomètre sans une carcasse de camion brûlé, abandonnée au bord de la route. Les convois travaillant pour les Américains étaient sans cesse attaqués. La circulation était assez fluide, la plupart des véhicules empruntant l'autoroute filant jusqu'à la frontière jordanienne. L'ancienne route menant à Fallouja et à Ramadi était, en quelque sorte, une impasse. À l'entrée de Fallouja, après l'hôpital jordanien, se trouvait un check-point américain, juste avant le pont de l'autoroute Bagdad-Jordanie. Systématiquement, les Américains refoulaient tous les véhicules allant vers Fallouja, autorisant seulement ceux allant à Ramadi à emprunter l'autoroute en direction de l'ouest, évitant Fallouja. Il y avait de moins en moins de voitures. Ils roulèrent ainsi presque trois quarts d'heure, puis le chauffeur quitta la route, s'engageant dans un chemin sur la gauche. Très vite, ils cahotèrent sur une piste traversant la riche région de grandes propriétés maraîchères, entre l'autoroute et l'Euphrate. Amin se tourna vers Malko.

– Ces pistes ne sont que rarement surveillées par les Américains. Ils n'osent pas s'y risquer. Ici, tout le monde est pour la résistance.

Ils zigzaguaient entre les champs, croisant quelques charrettes et de vieilles voitures. Et soudain, au détour d'un virage, ils se retrouvèrent nez à nez avec une douzaine d'hommes armés, le visage masqué par leur keffieh, qui barraient la route. L'un d'eux pointa sur la Mercedes son RPG7 porté sur l'épaule. Malgré lui,

Malko sentit un petit picotement le long de la colonne vertébrale.

– Ne craignez rien, fit Amin. Ces hommes obéissent au cheikh Motar.

Effectivement, lorsque le gros cheikh déploya sa majestueuse silhouette hors de la voiture, plusieurs combattants vinrent lui baiser l'épaule... Après une brève conversation, ils repartirent et Amin annonça :

– Il n'y a pas de barrage américain, il nous ont dit quelle piste il fallait prendre pour pénétrer dans Fallouja.

Ils longeaient les eaux limoneuses de l'Euphrate. La ville s'étalait en très grande partie sur la rive est, mais deux ponts la reliaient à ses quartiers ouest, contrôlés par les Américains. Avant de couper un des grands axes s'enfonçant dans la ville, également sous contrôle américain, le chauffeur s'engagea dans une voie étroite, d'abord vers l'est, puis vers le nord.

Malko essayait de s'orienter, ayant mémorisé la carte de Fallouja montrée par Bruce Chaplin. Ils laissaient sur leur droite la zone industrielle et la route principale officielle, montant vers le nord, le quartier de Jolan, un des nids de la résistance, non loin de la ligne de chemin de fer et de la gare qui délimitait la ville au nord. Les Américains tenaient sous le feu de leurs chars Abrams la grande avenue courant parallèlement à la voie ferrée, mais n'osaient pas s'engager dans les petites rues bordées de maisons plutôt coquettes, où des résistants les guettaient dans chaque jardin, à chaque carrefour. Il y avait très peu de bâtiments élevés à Fallouja, à part les mosquées, au nombre de quatre-vingt-trois.

Malko se remplissait les yeux de cette cité interdite. Quelque chose le frappa : tous les hommes portaient la barbe. Deux fois, ils furent stoppés à des carrefours, mais le turban blanc de l'imam fit merveille. À présent, ils étaient dans la zone de non-droit : l'armée américaine ne venait ici qu'avec des blindés et une protection aérienne.

Les rues étaient assez étroites, mais ce n'était pas le souk, comme au centre de Bagdad. Beaucoup de bâtiments détruits, percés d'impacts, de trous dans la chaussée. L'imam lâcha dans sa barbe une malédiction à l'intention des Américains. Il sembla à Malko que les hommes armés étaient plus nombreux. Des civils habitaient encore un peu partout.

Amin montra à Malko, sur la gauche, les restes d'un stade.

– Nos cimetières sont pleins, nous avons enterré beaucoup de martyrs ici.

La bataille de Fallouja avait commençé le 17 avril lorsque la compagnie Charlie de la 82e Airborne Division avait ouvert le feu à la mitrailleuse lourde sur la foule qui exigeait de récupérer l'école Al-Qaid qui lui servait de PC. Bilan : 17 morts irakiens et une haine inexpiable.

Ils passèrent à côté d'un grand panneau où était écrit à la peinture rouge : « *We will cut off your heads, US dogs*[1]. »

Explicite.

Quelques instants plus tard, ils débouchèrent sur une petite place où se trouvait une modeste mosquée au minaret à moitié détruit. Plusieurs Range Rover blanches étaient arrêtées devant et la place grouillait de combattants armés.

La vieille Mercedes s'arrêta devant la mosquée amputée, et Amin expliqua :

– C'est la mosquée Saad Ibn Abu Wakkas, là où vit Abdallah Al-Janabi, l'émir de tous les groupes de la résistance de Fallouja.

1. On vous coupera la tête, chiens d'Américains.

Malko eut l'impression qu'il faisait un peu plus chaud qu'à Bagdad. Ils se dirigèrent vers l'entrée de la mosquée qui comportait aussi une école coranique. Les combattants jetèrent des regards plutôt hostiles à Malko. On ne voyait plus d'étrangers à Fallouja, sauf décapités.

Heureusement, le turban blanc de l'imam Al-Soumeidai inspirait le respect. Plusieurs hommes vinrent lui baiser respectueusement l'épaule.

Des gardes armés les stoppèrent dans le petit jardin. On parlementa, puis Amin annonça :

– Nous allons attendre, l'émir est avec des combattants jordaniens.

On les fit pénétrer dans un petit salon aux tapis élimés, avec les éternels fauteuils le long des murs. On leur apporta du thé. L'imam avait disparu. Il revint une dizaine de minutes plus tard et leur fit signe de le suivre. La porte du bureau d'Abdallah Al-Janabi était ouverte. Ils croisèrent une demi-douzaine d'hommes qui en sortaient, encadrant un grand barbu aux yeux de braise, pistolet au côté.

De nouveau, on les stoppa. Malko aperçut, au fond d'un petit bureau, un barbu joufflu, nettement plus jeune que Al-Soumeidai, en train de pointer une liste, avec un combattant en keffieh. Amin souffla, plein de respect :

– L'émir a beaucoup de travail. C'est lui qui répartit la nourriture et l'essence pour les moudjahidins. Il y a aussi un dispensaire car l'hôpital principal est sous le contrôle des Américains. Nous avons beaucoup de mal à obtenir des médicaments.

Malko se demanda s'il n'allait pas croiser Moumir. Ce qui n'était pas indiqué. Le jeune homme risquait de manifester sa surprise.

L'homme à la liste sortit enfin du bureau et ils purent approcher l'émir.

Malko fut surpris. En dépit de sa barbe, il avait quelque chose d'efféminé, et de presque juvénile, à cause de ses joues bien remplies. Il était difficile d'imaginer qu'il était un des hommes les plus puissants et les plus respectés de Fallouja. Lui et Al-Soumeidai s'étreignirent longuement, puis ce fut le tour d'Amin et du cheikh Motar, qui s'éclipsa aussitôt. Malko eut droit à un signe de tête.

L'émir les invita à s'asseoir dans des fauteuils de bois au dossier raide et Amin se lança dans une grande palabre, répétant le but de leur visite. Abdallah Al-Janabi l'écouta sans l'interrompre puis posa une seule question, après qu'on leur eut apporté l'inévitable thé trop sucré.

– Peut-il vraiment faire libérer mon beau-frère ?

– Oui, répondit Malko, sans hésiter.

– Quand ? demanda Amin.

Malko hésita un court instant. Les deux islamistes ne le quittaient pas des yeux. Ils ne lui feraient pas de cadeaux.

– Aujourd'hui, si l'imam Al-Janabi accepte de m'aider.

Les deux imams discutèrent ensemble quelques instants puis Amin reprit son travail d'interprète.

– L'émir n'a pas confiance en vous, traduisit-il brutalement. Vous l'avez déjà trompé une fois. Il ne fera aucune démarche tant que vous n'aurez pas prouvé que vous n'êtes pas un hypocrite.

Le piège se refermait, se dit Malko. Il était au bord du marché de dupes. Une fois le beau-frère de l'imam Al-Janabi libéré, il était entièrement entre les mains des islamistes. Hélas, sa marge de manœuvre était pratiquement nulle. S'il tergiversait, au mieux, il repartait pour Bagdad les mains vides, au pire, il devenait otage à son tour. Donc, il allait jouer sa vie à pile ou face.

Des combattants armés entraient et sortaient sans arrêt, déposant des mots sur le bureau de l'émir. Visiblement, cette petite mosquée à moitié détruite était un centre névralgique important.

Il décida de plonger.

– Je dois prévenir ceux qui le contrôlent, dit-il. Il faut que nous nous mettions d'accord sur le lieu où ils doivent l'amener. Il faudra compter environ deux heures entre le moment où je les préviendrai et l'heure du contact.

Amin traduisit sa proposition et une discussion animée commença entre Al-Janabi et lui. Finalement, l'interprète se tourna vers Malko.

– Comme nous ne pouvons pas prévenir les moudjahidins qui tiennent la ville, ce ne serait pas prudent qu'un véhicule américain y pénètre. L'émir suggère d'envoyer un véhicule jusqu'à la sortie est en suivant la route n° 10, là où se trouve le check-point américain, sous le pont de l'autoroute. Mais il faut être certain que les Américains ne tireront pas sur lui.

– Si vous me donnez la description du véhicule et sa plaque, assura Malko, cela ne posera pas de problème.

L'émir jeta quelques mots à un gosse qui jouait dans un coin. Celui-ci se leva et fila à l'extérieur, ramenant un moudjahid filiforme, Kalach à l'épaule, des étuis de chargeurs en toile rembourrant son maigre torse. Il y eut une brève conversation entre lui et l'émir, puis Amin annonça à Malko :

– Cet homme est prêt à se sacrifier. Il a un pick-up Toyota blanc, sans plaque d'immatriculation. Comment allez-vous prévenir vos amis ?

Malko sortit son Thuraya de sa pochette.

– Avec ceci. Mais je dois sortir. Ici, je ne peux pas attraper le satellite.

– Je viens avec vous, dit Amin.

Ils se retrouvèrent sur la petite place animée. En face, des femmes faisaient cuire du riz sur le trottoir. Il y avait des combattants armés partout. Le jeune homme les avait suivis. Malko le vit mettre sa Kalachnikov dans la cabine d'un pick-up blanc en mauvais état. Le pare-brise était constellé d'impacts et l'arrière en si mauvais état qu'il semblait avoir été broyé par la gueule d'un dragon.

Il sortit l'antenne de son Thuraya et chercha la bonne orientation. Il n'eut pas le temps de la trouver.

Avec un cri sauvage, un jeune moudjahid venait de se jeter sur lui en éructant des injures. Il voulut lui arracha le Thuraya et le mit en joue avec sa Kalach. Sans l'intervention d'Amin, il lui aurait sûrement vidé son chargeur dans le corps… L'interprète le calma, avant d'expliquer à Malko :

– Tous les téléphones portables et satellite, tous les moyens électroniques de transmission sont interdits, ici, pour que les Américains ne nous repèrent pas. Nous n'utilisons que des messagers. Il vous a pris pour un espion.

– Il faut pourtant que je m'en serve, plaida Malko.

Amin le prit par le bras.

– Venez.

Ils traversèrent la place pour gagner un grand bâtiment inachevé, encore au stade du gros œuvre. Malko eut un choc en y pénétrant. Des dizaines de combattants y campaient à même le béton nu, avec armes et munitions. Il y avait des blessés, d'autres dormaient, certains priaient. Ils gravirent quatre étages, tous pleins comme des œufs. Les escaliers en ciment étaient maculés de taches suspectes. Ils parvinrent enfin au toit plat d'où on avait une vue imprenable sur Fallouja. Malko distingua même les châteaux d'eau de la gare, au nord, marquant la limite de la zone contrôlée par les Américains. À peine à un kilomètre.

Il devait bien y avoir cinq cents combattants dans ce bâtiment austère…

Malko déplia son antenne et attrapa très vite le satellite. Le cœur battant, il composa le numéro de Bruce Chaplin et attendit en priant très fort. À la cinquième sonnerie, on décrocha.

– Malko ?

C'était la voix du *senior officer* de la CIA. Malko aurait embrassé le Thuraya. Il ne perdit pas de temps.

– Je suis avec ceux que je suis venu voir, annonça-t-il. Est-ce que la personne de *high personal value*[1] est avec vous ?

De la réponse dépendait son sort immédiat. La qualité de la communication était si bonne qu'Amin, qui comprenait l'anglais, suivait tout.

– Elle est avec moi, confirma Bruce Chaplin.

– Où êtes-vous ?

– Dans le camp, en face du pont de l'autoroute, juste avant l'entrée est de la ville.

Malko prit son souffle.

– Très bien, dit-il, dans une demi-heure environ, un pick-up Toyota blanc avec un seul homme à bord, le conducteur, va se présenter au check-point. Il faudra lui remettre cette personne et il repartira avec.

Il y eut un silence qui parut très, très long à Malko. Visiblement, sa proposition ne remplissait pas l'Américain de joie.

– Vous ne venez pas *aussi* ? demanda-t-il.

Malko échangea un long regard avec Amin qui secoua la tête négativement.

– Non, dit-il, mais les choses se déroulent de façon satisfaisante.

Encore un long silence, puis Bruce Chaplin dit d'une voix égale :

1. Beaucoup de valeur.

– O.K., j'attends le pick-up Toyota.

Ils redescendirent en silence.

– Il y a environ quatre kilomètres entre ici et la sortie de la ville, commenta Amin, mais il faut rouler lentement. J'espère que les Américains ne vont pas profiter de cette localisation pour nous bombarder...

La confiance ne régnait pas. Malko ne put que sourire. Un peu jaune...

– Je serais *aussi* sous les bombes, souligna-t-il.

Devant la mosquée, il y avait désormais des fûts et des jerrycans d'essence, ainsi que des sacs de farine et de riz. Les farouches moudjahidins faisaient sagement la queue, armés jusqu'aux dents. Il n'y avait que des barbes.

Amin et Malko rentrèrent dans la mosquée Saad Ibn Abu Wakkas et l'interprète fit son rapport. L'émir joufflu n'extériorisa aucun sentiment et lâcha juste une courte phrase.

– Vous allez attendre ici, c'est plus sûr, annonça Amin. Venez.

Il mena Malko dans une petite pièce où étaient entassés des cartons. Une banquette recouverte d'un vieux tapis courait le long du mur.

– Je viendrai vous chercher, annonça Amin, avant de refermer la porte.

Même pas à clef. Malko était sans illusion : même avec son Glock, il n'aurait pas fait vingt mètres dehors sans se faire écharper. Il était bel et bien prisonnier. Il s'allongea sur la banquette, guettant les bruits de l'extérieur Une vilaine petite pensée lui trottait dans la tête. Sa conversation avait sûrement été écoutée. Pourvu qu'un militaire zélé n'ait pas la mauvaise idée d'écraser sous les bombes des F-16 un nid de scorpions terroristes...

Sans s'en rendre compte, il s'assoupit. Ce qui voulait dire qu'il était *très* fatigué.

*
* *

Malko se dressa en sursaut, arraché à un cauchemar où un homme en cagoule noire s'approchait de lui, un poignard aiguisé à la main, tandis qu'un autre le forçait à s'agenouiller, en pesant sur son épaule.

Il y avait bien une main posée sur lui, mais c'était celle d'Amin, l'interprète.

– L'émir Al-Janabi souhaite vous parler, annonça-t-il.

Malko le suivit, traversant le jardin intérieur de la mosquée. Le soleil avait baissé. L'émir Abdallah Al-Janabi était en train d'écrire. Il fit signe à Malko de s'asseoir et se lança dans une grande tirade, traduite au fur et à mesure.

– L'émir vous remercie. Vous avez tenu parole. Son beau-frère a retrouvé sa famille, mais il est très fatigué.

Malko poussa un ouf de soulagement intérieur. Il avait réussi l'impossible : arracher un prisonnier de *high value* aux griffes administratives de la CIA. Sans Frank Capistrano, il n'y serait jamais parvenu. L'émir continua, par la voix d'Amin :

– L'émir va rencontrer ce soir les membres du tribunal islamique qui ont condamné ces deux Italiennes à une juste sentence motivée par le refus de leur gouvernement de cesser son agression contre notre sainte religion et notre pays. Il vous communiquera sa réponse demain matin, avant que le frère Al-Soumeidai vous ramène à Bagdad. Vous êtes sous sa protection et vous ne craignez rien. On va vous conduire à l'endroit où vous passerez la nuit. C'est la maison d'un *hadj* qui vous traitera comme son fils.

Sa tirade terminée, Abdallah Al-Janabi se replongea dans ses papiers. Malko remarqua alors un vieil homme à la barbe blanche en broussaille qui attendait à la porte. Il échangea quelques mots avec Amin, qui dit à Malko :

– Allez prendre du repos, je viendrai vous chercher demain matin, *inch'Allah*.

Malko suivit le vieux *hadj* jusqu'à une maison modeste, à une centaine de mètres. L'Irakien le fit pénétrer dans une pièce au rez-de-chaussée, uniquement meublée d'un matelas posé à même le sol, d'un tapis de prière décoloré et d'un petit tabouret.

Il ressortit pour revenir avec un bol contenant des dattes, des galettes, du miel et une bouteille d'eau. Puis disparut sans un mot. Malko alla inspecter la porte : elle n'était même pas fermée à clef. Il se dit que Bruce Chaplin devait se faire un sang d'encre. Seulement, à l'intérieur, son Thuraya ne fonctionnait pas. C'eût été risqué de sortir pour envoyer un message. Après tout, il avait connu assez d'angoisses, ces derniers jours, pour que l'Américain en ait sa part.

N'ayant rien de mieux à faire, il s'allongea sur le matelas et ôta de sa ceinture le Glock qui le gênait. Une rafale claqua dans le lointain, suivie d'un tir d'arme lourde. Les Américains n'étaient pas loin. Allongé, il contempla le plafond fissuré comme les murs par les bombardements.

L'émir Al-Janabi allait-il tenir sa promesse ?

***

Le jour était levé depuis deux bonnes heures lorsque Malko entendit des pas. Bien entendu, il ne s'était ni lavé ni rasé, utilisant des toilettes d'une saleté repoussante, dans la pièce voisine.

Amin pénétra dans la pièce, le visage impassible.

– Venez, dit-il.

Malko le suivit jusqu'à la petite mosquée. Comme la veille, cela grouillait de combattants. Pas très loin, on entendait des échanges de coups de feu. Le bureau de l'émir Al-Janabi était ouvert, mais vide. Ils s'assirent et un jeune garçon leur apporta du thé brûlant et très sucré.

Malko avait à peine terminé le sien que l'émir joufflu entra d'un pas pressé et s'installa derrière son bureau. Sans perdre une seconde, il s'adressa à Amin d'une voix imperceptible qui faisait penser à celle d'Oussama Bin Laden. Amin se mit à traduire.

– Notre frère Abdallah Al-Janabi a soumis hier soir votre demande aux sages du tribunal islamique, annonça-t-il. Il a donné son avis et, au nom du Dieu Tout-Puissant et Miséricordieux, les membres du tribunal ont décidé une mesure de clémence exceptionnelle.

Malko retint son souffle : il se vit pendant quelques secondes repartir de Fallouja avec les deux otages italiennes. Hélas, ce qui suivit le ramena à la réalité.

– Notre religion étant imprégnée de pitié et de bonté, continua Amin, le tribunal islamique – qu'Allah inspire ses sages décisions – a décidé d'accorder un délai supplémentaire au gouvernement italien inféodé pour qu'il révise sa position injuste. Il ne sera fait aucun mal aux deux femmes qui partagent notre sort jusqu'au premier jour du mois béni du ramadan.

Amin se tut, guettant la réaction de Malko. Ce dernier demanda :

– Quand commence le ramadan ?

Amin lui jeta un regard méprisant, comme à un catholique qui demanderait quel est le jour de la semaine où on va à la messe.

– Le douzième jour du mois prochain, selon votre calendrier, précisa-t-il.

On était le 29 septembre. Cela laissait donc exactement quatorze jours à Malko pour arracher les deux Italiennes aux griffes des islamistes. Malgré tout, il sentit sa poitrine se dilater de joie. Tous les risques qu'il avait pris en venant à Fallouja n'avaient pas été inutiles. Il pouvait rentrer à Bagdad la tête haute.

Les deux hommes le guettaient et il sentit qu'il devait dire quelque chose. Il se tourna vers le barbu aux traits creusés.

– Dites à l'émir que je le remercie de tout mon cœur pour son geste de clémence. Je ferai de mon mieux pour obtenir du gouvernement italien un changement de son attitude injuste.

L'émir Al-Janabi eut une légère inclinaison de tête, montrant qu'il appréciait les remerciements de Malko. Celui-ci ravalait une fureur froide. Si seulement il avait eu un lance-flammes et les mains libres... Quel beau feu de joie avec tous ces Fous de Dieu qui méprisaient totalement la vie humaine.

Amin se leva.

– Nous partirons dans une demi-heure, annonça-t-il. Le mieux est que vous attendiez à côté. Il ne faut pas que trop de gens vous aperçoivent.

Malko regagna la petite pièce où il s'était reposé la veille. L'émir Al-Janabi avait fait une bonne affaire en récupérant son beau-frère contre quelques jours de vie pour les deux otages. Malko écarta une idée horrible : si tout cela n'était qu'une odieuse mise en scène ? Si les deux Italiennes étaient déjà mortes ? Comme s'il avait deviné ses pensées, Amin lui tendit une feuille de papier.

Il n'y avait que quelques mots écrits d'une écriture maladroite. « Sophia Benini, né le 18 juillet à Savone, Ornella Giro, née le 23 mars à Bologne. Nous sommes en bonne santé. Le 29 septembre 2004. »

Malko plia soigneusement le papier. L'ambassadeur d'Italie allait l'embrasser sur la bouche. Depuis la cassette annonçant leur exécution prochaine, c'était le premier signe encourageant. Il lui restait à accomplir l'impossible : les faire évader.

CHAPITRE XII

En descendant de la vieille Mercedes de l'imam Al-Soumeidai, Malko avait l'impression de revenir d'une expédition dans l'espace. Le voyage de retour de Fallouja s'était passé sans problème, par le même itinéraire, le long de l'Euphrate. Là encore, la présence du gros cheikh Motar leur avait facilité le passage. Celui-ci était en train d'étreindre Mehdi Al-Soumeidai. Malko aperçut Ahmed qui venait vers lui. La Chevrolet était garée à l'extérieur de la mosquée.

– On m'a prévenu que l'imam revenait ce matin, expliqua le chauffeur et que vous seriez avec lui.

Amin, le barbu interprète, vint prendre congé de Malko et l'imam en fit autant, d'un bref signe de tête. Seul, le cheikh Motar fut plus chaleureux, conviant Malko à lui rendre visite et lui donnant sa carte. Malko se laissa tomber dans la Chevrolet, rêvant à une douche comme un chien rêve à un os.

– On va à la maison ! lança-t-il à Ahmed.

Les pensées se bousculaient dans sa tête, avec un chiffre en lettres de feu : treize jours. Le temps qui lui restait et qu'il avait gagné de haute lutte pour organiser l'évasion des deux otages italiennes. Son premier souci était de revoir le docteur Zayman, de qui tout dépendait. Puis il faudrait rendre compte à Bruce Chaplin et, enfin, rassurer l'ambassadeur.

Pendant qu'ils roulaient sur le Dora Expressway, il appela d'abord Bruce Chaplin.

– Je suis revenu ! lança-t-il avant que l'Américain ait le temps d'ouvrir la bouche.

– Vous avez obtenu quoi ?

– Je vous le dirai dans une heure, assura Malko. Dès que je me serai lavé.

Il regarda presque avec affection la torchère de la raffinerie de Dora, spectacle familier après la tristesse de Fallouja et de ses barbus. Composant ensuite le numéro de Souab.

– Où étiez-vous passé ? demanda avec un ton de reproche la Libanaise. Nous devions dîner ensemble hier soir. Je m'étais faite très belle pour vous…

Une petite poussée d'adrénaline réveilla la libido de Malko, engourdie par la tension nerveuse.

– C'était une excellente idée, approuva-t-il. Nous allons dîner ce soir. De toute façon, j'ai une communication pour l'ambassadeur.

– Il n'est pas là ce matin, convoqué dans la « zone verte », avertit-elle. Venez à partir de trois heures. Vous avez de bonnes ou de mauvaises nouvelles ?

– Des bonnes !

Peu à peu, ses nerfs se dénouaient et il réalisa qu'il avait très envie de faire l'amour.

*
* *

Rasé, lavé, changé, Malko se sentait un autre homme. Bruce Chaplin, qui l'attendait en face de l'ascenseur, l'enveloppa d'un long regard teinté d'admiration.

– *My God!* lança-t-il, je n'arrive pas à croire que vous arrivez de Fallouja ! Ce n'est pas de votre rang de faire des choses pareilles. Depuis hier matin, je bouffe du Prozac.

– Vous auriez pu m'accompagner ! ironisa Malko.

L'Américain secoua la tête.

– Je n'ai pas envie de me faire décapiter. Et, de toute façon, aucun membre de l'Agence n'a le droit de sortir de Bagdad, sauf *embedded*[1] dans une unité combattante. Bon, racontez-moi.

Il offrit un café à Malko et prit place en face de lui, autour de la table basse couverte de papiers. Écoutant son récit, en prenant fiévreusement des notes, d'une petite écriture précise. Lorsque Malko eut terminé, l'Américain remarqua.

– Nous prenons un sacré risque ! Pour l'instant, on a lâché un prisonnier de *high personal value* contre du vent. Les gens qui l'ont interrogé sont persuadés qu'il aurait pu mener à Zarkaoui.

Malko ne put s'empêcher de sourire. Abu Moussab Al-Zarkaoui, allié de Bin Laden et chef des terroristes irakiens, était la bête noire des Américains.

– Bruce, vous savez bien que Zarkaoui est, en partie, une invention du Pentagone ! Il ne s'est jamais fait amputer d'une jambe à Bagdad, durant la période Saddam Hussein ; rien ne dit qu'il soit à Fallouja et qu'il joue le rôle central que vous lui attribuez.

– O.K., concéda Bruce Chaplin, mais tout repose sur la parole de cet imam Abdallah Al-Janabi. Il a pu vous mener en bateau… Les otages sont peut-être déjà mortes.

– J'y ai pensé, reconnut Malko, mais c'est un peu le pari de Pascal. Vous savez qui est Pascal ?

– Non.

– Bien, disons que c'est un risque calculé. Je suis déjà revenu vivant de Fallouja, ce qui est bon signe, et je pense que cet imam ne m'a pas « enfumé ». Ces terroristes sont inhumains, féroces, fanatiques, mais leur conduite obéit

1. Embarqué.

à une certaine logique. Donc, je considère que nous disposons de ce délai pour organiser l'exfiltration des deux otages.

– Dieu vous entende ! soupira Bruce Chaplin. Si on réussit, personne ne nous reprochera rien. Sinon…

Malko sortit de sa poche le mot écrit par les deux Italiennes.

– Faites une photocopie, je vais le montrer à l'ambassadeur d'Italie pour qu'il authentifie ce document. Vous voyez que je ne suis pas revenu les mains totalemént vides…

Le *senior officer* de la CIA déchiffra le court texte comme si c'était un parchemin précieux. Le sourire était revenu sur ses lèvres.

– Au moins, je vais pouvoir montrer quelque chose à Langley, murmura-t-il avant de sortir de la pièce.

Malko était sur des charbons ardents. Tant qu'il n'aurait pas repris contact avec Habiba Zayman, il ne serait pas tranquille. L'Américain revint et lui tendit l'original du document.

– Ce serait encore mieux si vous aviez ramené les deux filles ! soupira-t-il.

– Bien sûr, plaisanta Malko. Et aussi l'émir Al-Janabi. Allez, je continue ma tournée. Comment s'est passée la journée d'hier ?

– Normale. Trois voitures piégées dont une sur la route de l'aéroport et une devant le ministère des Finances.

La routine, quoi.

***

La doctoresse Zayman n'était pas dans son cabinet et Malko n'arrivait pas à comprendre les explications de sa secrétaire. Il battit en retraite avec un sourire et s'installa dans le hall. Sa Breitling indiquait midi.

Normalement, l'Irakienne aurait dû être là. Il n'avait rien à faire jusqu'à trois heures. Il attendit.

Il allait être une heure quand l'Irakienne arriva d'un pas pressé et fonça sur lui.

– Aujourd'hui, j'ai un horaire décalé, expliqua-t-elle. Je travaille dans une clinique privée. Avez-vous du nouveau ?

– Je reviens de Fallouja, annonça Malko, avec, quand même, une pointe de fierté.

Habiba Zayman se laissa tomber sur un banc de bois.

– Vous les avez vues ?

– Non, mais j'ai ramené ceci.

Il lui montra le mot avec les dates de naissance et le médecin leva les yeux.

– Il faut demander à l'ambassadeur. C'est tout ?

– Non. J'ai obtenu qu'elles ne soient pas décapitées avant le premier jour du ramadan.

Pendant qu'elle calculait la date, il lui raconta sa négociation avec l'émir Al-Janabi et demanda :

– Vous croyez qu'il va tenir parole ?

– Oui, fit-elle sans hésiter. Il doit avoir un certain respect pour les risques que vous avez pris et vous avez payé d'avance avec la libération de son beau-frère. S'il avait menti, il vous aurait promis quelque chose de beaucoup plus vague. Le point à éclaircir est de savoir s'il parlait du dernier jour *avant* le ramadan ou du premier jour de celui-ci.

– J'espère que, grâce à vous, nous les aurons fait sortir d'ici là ! Avez-vous des nouvelles de Moumir ?

– Oui. Il revient demain chercher encore des médicaments. Et il m'a fait dire qu'il amenait son cousin, le marchand d'électro-ménager. Celui qui doit lui prêter son véhicule.

– Ici ?

– Je ne sais pas. Il ne l'a pas précisé. Dès qu'il sera

là, je vous appellerai. Demain, entre onze heures et midi. Maintenant, je dois vous laisser.

Il se retint de l'embrasser

***

Lorsque Souab pénétra dans le minuscule local du check-point intérieur de l'ambassade d'Italie, Malko sentit une petite boule de chaleur irradier son ventre. La jeune Libanaise portait pourtant son habituelle tenue de travail : léger foulard, chemisier boutonné très haut, longue jupe sans la moindre fente. Seulement, une lueur pleine d'érotisme flottait dans ses yeux sombres et Malko crut deviner sous le chemisier les pointes dressées de ses seins.

Ce qui n'était peut-être qu'une illusion.

– Quelles sont les bonnes nouvelles ? souffla-t-elle en entraînant Malko.

– Que nous dînons ce soir ensemble…

Souab se retourna, furieuse.

– Ne plaisantez pas avec ça !

– J'ai ramené un mot d'elles et j'ai obtenu un délai pour leur exécution !

Le visage de Souab s'éclaira.

– C'est merveilleux ! *Vous* êtes merveilleux !

L'émotion gonflait sa poitrine et Malko ne put s'empêcher de l'effleurer. Souab fit un bond en arrière.

– Vous êtes fou !

– Non, j'ai très envie de vous. Je ne sais pas si j'attendrai jusqu'à ce soir.

Le contact même léger avec Souab venait de réveiller pour de bon sa libido. Lorsqu'il pénétra dans le bureau de Lorenzo Modino, l'ambassadeur d'Italie rayonnait.

– Souab m'a dit que vous aviez de bonnes nouvelles !

– Effectivement. Pouvez-vous authentifier ceci ?

L'ambassadeur se jeta voracement sur le bout de papier, puis courut à son bureau et ouvrit le dossier des deux otages. Il poussa une exclamation soulagée.

– Ce sont bien leurs dates de naissance ! Je vais prévenir Rome immédiatement... (Son visage se rembrunit brutalement.) C'est demain que l'ultimatum du groupe Tahid wal-Jihad expire. Comment éviter le, la... (Il s'arrêta avant de prononcer le mot horrible de décapitation.) Vous avez vu ces gens, à Fallouja ?

– Non, reconnut Malko, mais un intermédiaire *sûr*, un religieux haut placé. Ils acceptent de prolonger l'ultimatum jusqu'au premier jour du ramadan.

– *Porca madonna !* Souab, c'est quand ?

- Dans treize jours, monsieur l'ambassadeur, annonça la Libanaise. Le 12 octobre.

L'ambassadeur se laissa tomber dans un fauteuil.

– *Gracie, gracie mille*[1], *signor* Linge. Vous avez risqué votre vie pour nous. Je vais faire un rapport à mon gouvernement afin que vous en soyez récompensé dignement.

Malko glissa un regard vers Souab, échangeant avec elle un regard complice. Il avait bien l'intention de prendre un peu d'avance sur son hypothétique récompense. L'ambassadeur avait recouvré son sang-froid et rebondit aussitôt.

– Cela va nous donner le temps d'agir. Walid continue à chercher à nous aider. Il a un nouveau contact.

Malko eut du mal à dissimuler son scepticisme, et Lorenzo Modino précisa aussitôt :

– Je sais, vous ne le trouvez pas sérieux, mais il fait de son mieux. Il s'est branché sur un Tunisien qui ravitaille les résistants de Fallouja en pièces détachées de voiture et aussi en munitions qu'il achète à Bagdad. Il

1. Merci beaucoup.

ne demande pas d'argent pour nous aider, mais seulement un passeport italien. J'ai posé la question à Rome : cela ne poserait pas de problème en cas de réussite.

Évidemment.

– Pouvez-vous me donner son nom ? demanda poliment Malko.

Subjugué, l'ambassadeur n'osa pas discuter, et fouilla dans ses papiers.

– Voilà. Mohsein Ben Ali. Son téléphone est le 0791 654398.

Malko nota, sans parler de son opération à lui avec la doctoresse. Avec une douzaine de jours devant lui, il se sentait un peu plus tranquille.

Souab le ramena au check-point et lui jeta un long regard avant de le quitter.

– À ce soir ! Je me ferai *très* belle.

Le repos du guerrier.

En attendant, il fallait éviter la « pollution » de son opération.

– On retourne au *Al Saader*, lança-t-il à Ahmed.

***

– Je suis content de vous voir, dit Bruce Chaplin. J'allais vous appeler.

– Pourquoi ? demanda Malko, le pouls à 150.

Il y avait rarement de bonnes nouvelles.

– À propos de votre exfiltration prévue. Je viens de recevoir un message *high priority* du CentCom[1]. Ils préparent une offensive de grande envergure sur Falouja. Ils poussent les civils à fuir la ville et laissent même entrer les moudjahidins pour les y coincer. À partir de la semaine prochaine, ils vont resserrer le dispositif autour de la ville et commencer à taper fort.

1. Commandement central opérationnel.

Malko eut un sourire désabusé.

– Je ne maîtrise pas mon calendrier. J'ai vu le médecin et j'espère avoir plus de précisions demain. Il faut prier, mais Dieu est très sollicité en ce moment. Par tous les camps.

Il sortit de sa poche les coordonnées du Tunisien de Walid et les tendit à Bruce Chaplin.

– Pouvez-vous essayer de faire « cribler » ce personnage par vos amis irakiens ? Je ne voudrais pas que de nouvelles conneries polluent notre opération déjà risquée.

– Pas de problème, promit l'Américain.

– Merci, pour aujourd'hui, je ferme boutique. J'ai besoin d'un bol d'oxygène.

– Vous avez de la chance, soupira Bruce Chaplin. Moi, avec le décalage horaire, je ne dors pratiquement plus.

Il gagna son bar, en sortit une bouteille de Defender « 5 ans d'âge » et en versa une solide rasade dans un verre, ajoutant quelques cubes de glace. Il vida la moitié du verre d'un trait et Malko se dit que la bouteille ne ferait pas la nuit.

* * *

L'oxygène était fortement parfumé… À son habitude, Souab s'était arrosée de parfum. Comme promis, elle s'était faite très belle. Un châle dissimulait en partie un haut de satin noir et elle avait troqué sa longue jupe pour une beaucoup plus courte, qui découvrait ses jambes gainées de nylon noir, jusqu'à ses escarpins. Les employés irakiens de la réception ne savaient plus où se trouvait La Mecque, mesmérisés par cette apparition tombée de la caravane de Satan.

– Allons-y, proposa Malko.

Il avait déjà acheté à un maître d'hôtel deux bouteilles

de Taittinger poussiéreuses, probablement volées lors du pillage systématique des villas chic de Bagdad, à la fin de la guerre. Il effleura le dos de la Libanaise et sentit la carapace d'une guêpière.

Cette fois, Souab avait mis les petits plats dans les grands. À peine dans la voiture, Malko ne put s'empêcher de glisser la main entre les cuisses gainées de nylon, jusqu'à la peau nue. Et même un peu plus haut.

– Arrêtez ! souffla-t-elle, désignant le chauffeur du regard. Qu'est-ce qu'il va penser de moi ?

– Que j'ai beaucoup de chance ! fit Malko.

***

Abed avait, pour une fois, préparé de l'agneau mangeable. Avec l'éternelle salade de concombre et tomates, cela constituait, arrosé de Taittinger, un repas presque civilisé. L'Irakien, lui, s'était sagement retiré dans sa chambre. Après avoir terminé la première bouteille de Taittinger, Malko prit Souab par la main et l'entraîna face à un superbe miroir accroché au mur. Là, il lui ôta son châle, découvrant le satin noir tendu par deux seins très réveillés. Il en effleura les pointes à travers le tissu, puis défit les boutons.

Dessous, il y avait bien une guêpière dont le soutien-gorge arrivait juste au niveau des pointes, rouges et gonflées. Il suffit à Malko de faire glisser légèrement le tissu vers le bas pour libérer les seins.

Collé à Souab, il commença à faire tourner lentement les pointes entre ses doigts, tandis que la Libanaise s'activait sur lui. Le grand miroir leur renvoyait leur image, ce qui accroissait l'érotisme de la situation.

Souab avait gardé sa jupe. Ce qui était encore plus excitant. Malko promena ses doigts sur les serpents des jarretelles, puis, appuyant la jeune femme au meuble supportant le Gramophone, il glissa une main sous la jupe noire, remontant le long des bas, puis de la peau nue et, finalement, écartant le string pour envahir le ventre déjà trempé. Souab se mit à gémir sous ses doigts, puis l'interrompit.

– Attends !

Elle se laissa tomber à genoux devant lui et le prit d'abord dans sa bouche. Ensuite, dégageant complètement ses seins de la guêpière, elle emprisonna son membre tendu entre eux, le masturbant dans cet étui tiède et doux, le caressant en même temps du bout de la langue.

Malko n'en pouvait plus. Il la releva et défit le Zip de sa jupe, découvrant des bas stay-up accrochés aux jarretelles. Attention délicate. Le string glissa facilement le long des jambes et, quand elle fut uniquement vêtue de sa guêpière et de ses bas, il la poussa sur le grand fauteuil de dentiste où il l'avait fait jouir, quelques jours plus tôt.

Souab s'y agenouilla, la croupe cambrée, et Malko n'eut qu'à donner un léger coup de reins pour s'enfoncer, enfin, dans son ventre.

Un rêve.

Qui lui donna envie de faire mieux. Mais Souab était une authentique salope dotée d'un sixième sens. Alors que Mako se retirait doucement, elle tourna légèrement la tête et dit simplement :

– Encule-moi.

*
* *

Les mains crochées dans les hanches de la Libanaise, Malko allait et venait lentement entre ses reins. Au début, la jeune femme était si serrée qu'il avait failli jouir immédiatement. Puis, les muscles de son sphincter s'étaient assouplis et, désormais, il coulissait dans l'étroit conduit aussi facilement qu'il l'aurait fait dans son ventre. Le regard rivé au miroir, Souab ne quittait pas des yeux le sexe qui disparaissait au fond de sa croupe, pour ressortir presque entièrement. Ce qui semblait l'exciter prodigieusement. Elle gémit soudain.

– Plus vite ! Plus vite !

Malko obéit. Les mains crispées sur les accoudoirs du fauteuil, Souab haletait, la bouche ouverte. Ce qui déclencha le plaisir de Malko. D'un ultime coup de reins, il se projeta en avant, écrasant sa partenaire contre le cuir rouge du fauteuil.

Jamais il n'aurait pensé, lors de leur première rencontre, qu'elle était capable de déployer de tels trésors d'érotisme. Apaisés, ils demeurèrent emboîtés l'un dans l'autre, puis Souab se retourna et remarqua, mutine :

– Avant, je n'aimais pas cela du tout. C'est mon amant qui a insisté pour me prendre de cette façon. Chaque fois que j'acceptais, il m'achetait une montre. Il voulait toujours aussi que je m'habille comme ce soir. Maintenant, j'aime bien. C'est très cérébral. Tu n'imagine pas tout ce qui se passe dans ma tête. Dis-moi, il reste du champagne ?

À regret, Malko s'arracha aux délices de Capoue. Les meilleures choses ont une fin. Le bruit du bouchon de la bouteille de Taittinger lui donna envie de recommencer. Dieu sait ce que lui réservait l'avenir. Le lendemain, il reprenait le collier.

***

Depuis huit heures du matin, Malko tournait en rond dans la petite maison, regardant sa Breitling toutes les cinq minutes, abreuvé de thé trop sucré par Abed qui s'obstinait à vouloir lui faire manger d'énorme quartiers de pastèque au petit déjeuner. Il venait de sortir faire les courses et acheter des pièces pour ses vieilles radios. Souab avait regagné le *Rimal*. Malko n'arrivait pas à penser à autre chose qu'au rendez-vous avec Moumir. Pourvu qu'il puisse venir de Fallouja, comme prévu. Et qu'il ne soit pas surveillé par ses amis de la résistance.

Son portable sonna à midi moins le quart.

– Monsieur Malko ?

C'était Habiba Zayman.

– Oui.

– Je voulais m'assurer que vous étiez chez vous, continua l'Irakienne d'une voix très naturelle. On va vous livrer la télé que vous avez commandée. Quelqu'un parle arabe, chez vous ?

– Oui, mon chauffeur.

– Alors, c'est parfait. Le livreur sera là dans une heure environ, *inch'Allah*, si la circulation n'est pas trop mauvaise.

CHAPITRE XIII

Malko sauta sur son portable. Il y avait un problème urgent à résoudre. Ahmed était-il assez sûr pour être mis au courant d'une affaire ultrasensible ? Le numéro de Bruce Chaplin était occupé et il trépigna intérieurement plusieurs minutes avant d'entendre la voix du *senior officer* de la CIA. Celui-ci sembla ravi de l'entendre.

– J'étais justement avec mes homologues du Moukhabarat, annonça-t-il. Au sujet de votre Tunisien, Mohsein Ben Ali. Il est connu comme le loup blanc ! Et ce n'est pas triste. Il est arrivé en Irak il y a deux ans. En cavale. Il a été condamné à cinq ans de prison en Tunisie, pour escroquerie. Pas étonnant qu'il ait envie d'un passeport. Le sien est expiré et, s'il se présente à l'ambassade de Tunisie pour le faire renouveler, les Tunisiens demanderont à l'Irak de l'arrêter et de l'extrader.

L'ambassadeur d'Italie avait de belles fréquentations ! Si la situation n'avait pas été aussi grave, c'eût été risible.

– De quoi vit-il ? demanda Malko.

– Différents trafics. Il est arrivé avec de l'argent et vit dans une assez belle maison, à Mansour, près de la mosquée inachevée. J'ai fait mettre son portable sur écoute, sans le dire aux Irakiens.

– Merci, dit Malko. Je ne vous appelais pas pour cela. Êtes-vous sûr d'Ahmed ? Je vais être obligé de me servir de lui pour notre opération.

Il lui expliqua son rendez-vous inopiné.

– Jusqu'ici, il n'a jamais trahi, dit Bruce Chaplin, mais on ne l'a jamais utilisé pour une opération. Une cinquantaine de membres de sa tribu travaillent avec nous. Comme ils n'ont jamais eu de problèmes et qu'ils gagnent beaucoup d'argent, ils doivent « bakchicher » la résistance.

– Vous n'avez personne de plus sûr à m'envoyer ?

– Non, reconnut l'Américain. Pas dans un délai aussi bref. Les Irakiens sûrs, cela ne court pas les rues…

– Bien, conclut Malko. Je suis obligé de prendre le risque.

Il sortit récupérer Ahmed qui attendait dehors, à côté de la Chevrolet.

– Ahmed, dit-il j'ai une proposition à vous faire.

– Laquelle ? demanda l'Irakien, surpris.

– Collaborer à une opération clandestine. Vous allez apprendre des choses qu'il faudra oublier immédiatement. Avant de vous en parler, je voudrais savoir *pourquoi* vous travaillez pour les Américains.

L'Irakien ne se troubla pas.

– Je n'aimais pas Saddam et je ne suis pas très religieux, expliqua-t-il. Je n'ai rien contre les Américains, qui nous ont débarrassé de Saddam. Ils partiront un jour. Moi, je ne fais rien de mal, je gagne seulement de l'argent. Nous avons cinq voitures maintenant.

– Et cela ne vous pose pas de problème avec la résistance ?

Ahmed secoua la tête.

– Non, c'est le cheikh de notre tribu qui a négocié. Nous donnons de l'argent aux moudjahidins.

Tout s'expliquait.

– Très bien, conclut Malko, je vous fais confiance. J'essaie de faire évader les deux otages italiennes. J'attends deux hommes qui doivent participer à cette opération qui ne parlent qu'arabe.

– Pas de problème, affirma Ahmed. Ces islamistes sont des fous.

La porte de la maison s'ouvrit sur Abed qui fila dans la cuisine, les bras chargés de paquets.

* * *

Au coup de sonnette, Ahmed alla ouvrir. Un homme corpulent, moustachu, la cinquantaine, pénétra dans la pièce, portant une télévision coréenne encore dans son carton. Il était suivi par Moumir. Ce dernier regarda Ahmed d'un air inquiet. Malko intervint aussitôt.

– Dites-lui que vous êtes mon interprète et que vous travaillez avec les Américains. Le jeune homme s'appelle Moumir.. demandez-lui ce qu'il a décidé. Qu'ils s'installent.

Moumir et le gros homme prirent place sur le canapé, regardant autour d'eux avec curiosité. Il y eut une longue conversation entre Moumir et Ahmed, et celui-ci se tourna vers Malko.

– Moumir a amené son cousin, Harif, qui va l'aider. Harif possède une boutique de télévision et d'électroménager dans le quartier Askali, à Fallouja, et une autre à Bagdad. Il va souvent à Fallouja apporter de la marchandise, aussi les moudjahidins connaissent son fourgon et ne l'arrêtent pas. Il est d'accord, le jour où Moumir le lui demandera, pour cacher les clefs dans le pare-chocs du fourgon pour que Moumir puisse les récupérer.

C'était inespéré.

– Que demande-t-il en échange ?

– Vingt mille dollars. Dix mille avant, dix mille après.

– Dites-lui que c'est d'accord. Évidemment, je n'ai pas l'argent ici, mais vous le lui porterez à sa boutique, dans la journée.

Ahmed traduisit et d'un signe de tête, Harif signifia son accord. Il restait le point principal.

– Demandez-lui *quand* il pense pouvoir fuir avec les otages ? interrogea Malko.

Moumir se lança dans un assez long discours ponctué de grands gestes, qu'Ahmed résuma de son mieux.

– Il ne peut pas le dire maintenant parce qu'il ne sait pas quand il va se trouver de garde avec les otages en compagnie de son ami. Il ne le saura que la veille. Seulement, il ne peut pas vous prévenir. Il n'a pas de portable.

– Veut-il que je lui en laisse un ?

– Non, c'est trop dangereux.

– Dans quel quartier se trouvent les otages ?

– Pour l'instant, dans le quartier Askali, répondit Moumir, mais on les bouge souvent. Je dois aussi savoir où je dois retrouver les Américains, après avoir récupéré le fourgon.

– Pouvez-vous emprunter la route n° 10 ? demanda Malko. C'est l'itinéraire normal pour aller à Bagdad. Vous vous arrêterez au check-point américain. Ils seront prévenus si vous me donnez la description et l'immatriculation du fourgon.

Il y eut une courte discussion entre Moumir et Harif. Celui-ci griffonna quelque chose sur une feuille de carnet qu'il tendit à Ahmed. Il ne restait plus qu'un point à résoudre.

– Est-ce que Harif a un téléphone portable ? demanda Malko.

Il en avait un.

– Dans ce cas, je vais lui donner *mon* numéro. Dès

que Moumir l'aura prévenu, il me téléphone pour m'annoncer la livraison d'une télévision. J'avertirai à ce moment-là le check-point américain.

À son tour, il griffonna sur un morceau de papier son numéro de portable, en contenant son excitation. Pour la première fois depuis son arrivée à Bagdad, il voyait le bout du tunnel. Il voulut se faire l'avocat du Diable et se tourna à nouveau vers Ahmed.

– Demandez à Harif s'il n'a pas peur d'avoir des problèmes. On risque de savoir que c'est son véhicule qui a servi pour l'évasion des otages.

À la question posée par Ahmed, le marchand répondit brièvement mais d'une façon qui montrait qu'il avait réfléchi au problème.

– Il a dit à Moumir de briser une glace du fourgon pour faire croire qu'il a été volé. Il ira à l'aube, car personne ne se déplace la nuit.

Moumir semblait nerveux. Il dit quelques mots et se leva.

– Il doit retourner à Fallouja, expliqua Ahmed, on l'attend au carrefour de Rabia Street et de l'Abu-Ghraib Expressway.

Malko se leva à son tour et fixa longuement le jeune homme. Il ne le reverrait qu'avec les deux otages.

– Dites-lui d'être prudent, fit-il. Je lui souhaite bonne chance.

Moumir esquissa un sourire et s'esquiva, son cousin sur les talons.

– Vous avez l'adresse de Harif ? demanda Malko.

– Oui, oui. Il ne sera pas là, mais m'a dit à qui laisser l'argent.

– Pensez-vous qu'ils vont vraiment faire ce que je leur demande ?

Ahmed hocha la tête.

– Ils ont très envie de l'argent. Et ce ne sont pas des politiques. Le jeune Moumir m'a dit qu'il rêve de se marier. Il ne sait rien faire et ce ne sont pas les islamistes qui vont le payer. Tout ce qui l'attend, c'est une balle américaine ou une blessure qui le rendra infirme. C'est pour cela qu'il accepte. La plupart des miliciens sont comme lui. Pendant les années Saddam, on leur a appris à ne pas penser. Vous n'avez pas pu négocier directement avec les preneurs d'otages ?

– Non, avoua Malko, ils ont des exigences impossibles. Jamais un gouvernement ne cédera officiellement à leur chantage pour sauver ses citoyens. Ils le savent.

– C'est vrai, reconnut Ahmed. Mais ils sont manipulés de l'extérieur. Nous le savons. Ils ont très peur d'hommes comme Ayman Al-Zawahiri [1]. Et puis, certains détestent vraiment l'Occident.

– Vous n'allez jamais à Fallouja ?

– Non, ma tribu n'est pas implantée là-bas. On me poserait trop de questions. Cela pourrait être dangereux.

Tout cela était cohérent et, de toute façon, Malko n'avait plus le choix. Les dés étaient jetés. Il n'avait plus qu'à attendre le message de Harif, le cousin de Moumir. La mise en place du dispositif de recueil ne posait pas de problème. Grâce à Bruce Chaplin, il pourrait être activé en quelques minutes. Il suffisait surtout de s'assurer qu'un GI à la détente trop facile ne fasse pas un carton sur le fourgon contenant les otages. Avec quelques heures de préavis, ce n'était pas un souci.

– Je vous donnerai l'argent tout à l'heure, précisa Malko. Où se trouve son magasin, à Bagdad ?

– Dans Rasafi Street, pas loin de la place Al-Tahrir.

– O.K. Nous allons à l'ambassade d'Italie.

Il était urgent de prévenir l'ambassadeur d'Italie du profil du Tunisien amené par Walid. Jusqu'au feu vert

1. Égyptien, bras droit de Bin Laden.

de Harif, la principale tâche de Malko allait être la « dépollution » de l'opération. De façon à ce qu'un incident ne fasse pas dérailler le processus. Moins il y aurait de gens en lice, mieux cela vaudrait. À la moindre alerte, le groupe Tawhid wal-Jihad risquait de déplacer les otages, ou pire…

*
* *

En serpentant dans le boyau de sacs de sable, à l'entrée de l'ambassade d'Italie, Malko avait l'impression d'être un poilu de la Grande Guerre. Il avait mis plus d'une heure pour atteindre Maghreb Street, tant la circulation sur le Khalid-Bin-Al-Walid Expressway était intense. Pour une fois, la matinée était calme et aucun panache de fumée ne s'élevait de Sadr-City. Apparemment, les miliciens de l'Armée du Mahdi étaient rentrés dans leur niche. Une brume de chaleur flottait sur la ville, la transformant en un magma ocre.

Souab, avertie par téléphone, l'attendait au checkpoint intérieur. De nouveau en « tenue de travail ».

– Il y a du nouveau, annonça-t-elle aussitôt à Malko. Hier soir, l'ambassadeur a dîné avec le Tunisien et Walid. Ce matin, il m'a appris que Mohsein Ben Ali prétendait avoir été à Fallouja, avoir vu les deux otages et obtenu de leurs ravisseurs, en échange d'une livraison de munitions, leur libération. Il s'offre à aller les chercher très vite.

Malko sentit sa raison vaciller. Cela semblait si facile, si évident.

– Il a ramené une preuve, demanda-t-il. Des photos, un film, quelque chose d'écrit ?

– Non, avoua la Libanaise, mais l'ambassadeur semble avoir été convaincu.

– Il n'a pas demandé d'argent ?

– Pour lui, non, car il prétend que les munitions qu'il

va livrer ne lui coûtent presque rien. Par contre, le groupe Tawhid wal-Jihad demanderait un million de dollars en compensation pour la « pension » des deux otages.

Malko bouillait. Tout ceci sentait furieusement l'arnaque. Décidément, Lorenzo Modino, aveuglé par l'affolement, était prêt à avaler tous les contes de fées. L'affaire des huit millions de dollars aurait pourtant dû lui servir de leçon…

Dans le couloir désert, il effleura la hanche de Souab qui s'écarta aussitôt, gênée.

– Qu'allez-vous faire ? demanda-t-elle, avant de l'introduire dans le bureau de l'ambassadeur.

– J'ai déjà fait, répondit laconiquement Malko.

Lorenzo Modino, vêtu d'un élégant costume blanc et d'une cravate bleu ciel, semblait avoir repris du poil de la bête. Il fit le tour de son bureau pour venir serrer chaleureusement la main de Malko et l'invita à prendre place dans un fauteuil de cuir.

– J'ai transmis à Rome les excellentes nouvelles que vous m'avez apportées hier, annonça-t-il. Inutile de vous dire leur soulagement.

– Hélas, souligna Malko, le problème principal n'est pas réglé. Je n'ai fait qu'acheter un peu de temps et m'assurer que les otages étaient toujours vivantes.

– Bien sûr, bien sûr, reconnut le diplomate mais, entre-temps, j'ai moi aussi eu du nouveau. Quelque chose de très concret. Je pense que nous touchons à la fin de ce cauchemar.

– Votre canal tunisien fonctionne ? interrogea Malko d'un air complice. C'est formidable.

Lorenzo Modino tomba dans le piège à pieds joints. En adoptant une attitude compréhensive, Malko voulait mettre le diplomate en confiance.

L'ambassadeur se rapprocha de Malko, comme si ses murs étaient bourrés de micros.

– Oui, fit-il sur le ton de la confidence. Ce Tunisien, ami de Walid, Mohsein Ben Ali, a effectué un voyage éclair à Fallouja hier. Il a vu nos deux otages et s'est mis d'accord avec ceux qui les détiennent pour une libération très rapide en échange d'une compensation modeste. D'ailleurs, il m'a appelé de Fallouja pour m'annoncer la bonne nouvelle. Ensuite, nous avons dîné ensemble, et il m'a confirmé les faits.

Malko fixa longuement le diplomate qui sembla se décomposer sous son regard insistant.

– Monsieur l'ambassadeur, j'ai peur de vous décevoir. L'homme à qui vous faites confiance n'est qu'un vulgaire escroc, condamné dans son pays à cinq ans de prison. Il est recherché par la police tunisienne. Je pense que vous pourriez le vérifier facilement par votre ambassade à Tunis.

Lorenzo Modino eut un sursaut devant ce coup porté à sa crédibilité.

– Comment savez-vous cela ? demanda-t-il. Je vous ai parlé de cet homme hier matin seulement.

– N'oubliez pas que je travaille avec la CIA, rappela Malko. J'ai simplement fait « cribler » votre nouvel ami, par l'intermédiaire des autorités irakiennes.

Furieux, l'ambassadeur lança :

– C'est Souab qui…

– Peu importe, coupa Malko. Donc, Moshein Ben Ali prétend qu'il a vu les otages hier à Fallouja ?

– Absolument.

– Il vous a appelé de Fallouja ? Je veux vérifier quelque chose, expliqua Malko.

– Oui.

– Vers quelle heure ?

Le diplomate réfléchit quelques instants puis se leva pour aller vérifier un papier sur son bureau.

– 16 h 33 exactement confirma-t-il. Je l'ai noté. Pourquoi cette question ?

Malko composait déjà le numéro de Bruce Chaplin. Dès qu'il eut l'Américain en ligne, il raconta ce qu'il venait d'apprendre et demanda :

– Avez-vous un moyen de vérifier, d'ici, d'où ce coup de téléphone a été donné ?

– Absolument, confirma le *senior officer* de la CIA. Il me faut vingt minutes environ. Je vous rappelle.

Furibond, l'ambassadeur dit à Malko :

– J'espère que, par jalousie, vous ne cherchez pas à saboter nos efforts.

Malko haussa les épaules, méprisant.

– Monsieur l'ambassadeur, répliqua-t-il d'un ton sec, j'essaie simplement de protéger l'argent des contribuables italiens et votre crédibilité. Le portable de Mohsein Ben Ali a été mis sur écoute. Ce qui permet, comme vous le savez, de localiser les appels qu'il donne. J'aurai cette réponse dans une vingtaine de minutes. Nous allons donc l'attendre ensemble.

Les deux hommes demeurèrent là où ils étaient, en chiens de faience. Malko souhaitait de toutes ses forces se tromper.

*
* *

La sonnerie du portable de Malko fit sursauter Lorenzo Modino. La voix de Bruce Chaplin semblait assourdissante dans le silence minéral du bureau.

– Votre client n'a pas bougé de Bagdad hier, annonça l'Américain. Il a effectivement appelé le portable de Lorenzo Modino à 16 h 33. La communication a duré quatre minutes dix-sept. Nous l'avons enregistrée. Désirez-vous une autre information ?

– Non, remercia Malko.

Il leva les yeux sur le diplomate.

– Vous avez entendu ? Ce Tunisien n'a pas bougé de la ville. L'appel qu'il vous a passé venait de Bagdad.

– Comment en est-on sûr ? objecta le diplomate.

– On peut localiser un portable à quelques mètres près, expliqua Malko. Si vous avez encore des doutes, vous pouvez appeler la personne qui vient de me parler. Bruce Chaplin, le représentant de la CIA à Bagdad. Plus que quiconque, il souhaite la libération de vos deux otages. C'est la mission qu'il a reçue.

L'ambassadeur ne répondit même pas. Il avait pris dix ans en dix minutes.

– Je ne comprends pas, gémit-il. Walid m'avait juré que ce Tunisien était sérieux.

– Peut-être a-t-il été abusé ? répliqua Malko, qui n'en croyait pas un mot. En tout cas, vous venez d'économiser un million de dollars, et probablement beaucoup d'ennuis.

– Mais que vais-je faire ? gémit le diplomate. Rome m'appelle toutes les deux heures. Je n'ai rien à leur dire.

Malko se leva.

– Ne perdez pas espoir. Nous travaillons *activement* à la libération de vos otages. Ne vous en mêlez pas, ce n'est pas votre métier. Toute interférence peut compromettre leur libération.

L'ambassadeur demanda anxieusement :

– Il y a donc une chance de libération ?

– Oui, reconnut Malko. Une chance.

– Je vais me séparer de Walid, fit sombrement l'ambassadeur.

Malko s'esquiva. Le métier de dépollueur était décidément bien ingrat. Il avait douze jours d'angoisse devant lui. Le pire, c'était l'inaction. Il n'avait strictement rien à faire en attendant le coup de fil de Harif, le marchand de téléviseurs.

CHAPITRE XIV

Walid arrêta sa voiture devant le portail de la mosquée Oum Al-Kura, une des plus belles de Bagdad, avec ses innombrables bassins et ses minarets décorés de céramiques. Là siégeaient les oulémas les plus engagés dans la résistance. À l'entrée du parc, plusieurs gardes armés, reliés aux bureau de la mosquée par un téléphone posé sur un tabouret, filtraient les visiteurs.

Le *fixer* de l'ambassadeur italien était connu. Il étreignit longuement un des gardes et demanda à rencontrer Hadith Al-Dhari, un des responsables de la mosquée, en contact constant avec les groupes de résistants sunnites de Fallouja. Après une courte conversation téléphonique, on l'autorisa à poursuivre son chemin, en empruntant l'allée menant à l'entrée proprement dite de la mosquée. Il y fut accueilli par un garde armé d'une Kalach, qui le précéda le long d'un des immenses bassins qui donnaient tout son charme à cette mosquée. Des hommes discutaient sous les arcades qui l'entouraient ou priaient.

On le fit pénétrer dans un petit bureau où un barbu en djellaba était en train de téléphoner. Ils se connaissaient depuis longtemps. Étreintes. Walid avait fait des dons importants à la mosquée et il y était apprécié. Pourtant, bien que très proche de la résistance, Hadith

Al-Dhari n'influençait pas vraiment les groupes radicaux de Fallouja, tout en prétendant le contraire.

– Quelles sont les nouvelles, mon frère ? demanda le religieux en l'invitant à s'asseoir.

Un jeune garçon apparut avec un plateau de gâteaux secs et des verres de thé. Walid prit soin de demander des nouvelles de l'imam Abdallah Al-Janabi, le plus respecté parmi ses pairs, l'homme qui coordonnait la résistance à Fallouja.

– Allah le protège toujours, gloire lui soit rendue, répondit Al-Dahri.

Ils discutèrent un moment des derniers crimes américains, puis Walid entra dans le vif du sujet, parlant pratiquement dans l'oreille de son interlocuteur... Ils burent encore un peu de thé puis Hadith Al-Dhari se leva. D'autres visiteurs patientaient dans les fauteuils alignés le long des murs de la pièce tout en longueur. De nouveau, il étreignit l'ancien pilote de l'armée de l'air.

– Je transmettrai ce que tu m'as appris, conclut-il. Qu'Allah le Tout-Puissant te protège !

Walid regagna sa voiture, satisfait. Hadith Al-Dhari contrôlait beaucoup de gens à Bagdad et avait le bras très long. Le *fixer* de l'ambassadeur d'Italie était si satisfait de sa visite qu'il décida de s'offrir une petite joie. Comme il se trouvait déjà au nord de la ville, il n'eut pas à aller loin pour gagner le Khalid-Bin-Al-Walid Expressway. Il le quitta à l'échangeur de Al-Shaibani Street et revint sur ses pas le long d'une rue non asphaltée, qui courait parallèlement en contrebas de l'Expressway. Il s'arrêta en face d'une petite maison entourée d'un jardin, se garant à côté de deux autres voitures. Le grondement de l'Expressway faisait un bruit de fond assourdissant.

Une grosse femme, la tête couverte d'un hidjab, lui ouvrit la porte et le fit pénétrer dans un petit salon encombré de bibelots. Des canapés fatigués, une table basse avec un plateau en cuivre. Ils discutèrent à voix basse quelques instants, puis Walid remit à la femme une liasse de dinars. Des billets de 5 000.

– Viens, fit-elle, après avoir compté les billets.

Elle le fit entrer dans une petite chambre aux volets fermés où il faisait très chaud, meublée d'un lit, d'une table et de deux chaises. Il ôta sa chemise déjà trempée de transpiration et s'allongea sur le lit. La femme revint avec une bouteille de Defender et un verre. Walid se servit et but d'un trait.

La porte s'ouvrit sur une femme encore jeune, les cheveux tirés, maquillée comme une danseuse orientale. D'ailleurs, elle portait une tenue de danseuse, un caraco enrichi de sequins dorés et une longue jupe rebrodée. Mais, contrairement aux danseuses, elle ne souriait pas, son visage n'exprimait strictement rien et son regard était vide. Walid se redressa et lui fit signe d'approcher.

– Comment t'appelles-tu ?

– Samira.

– Tu es belle, Samira.

Elle ne répondit pas, la tête baissée. Walid se remit debout et commença à lui malaxer la poitrine, s'excitant peu à peu. C'était un sanguin et, très vite, son sexe fit une bosse énorme sous son jean. Nerveusement, il défit sa ceinture, exhibant un caleçon rayé. Samira ne broncha pas, les bras le long du corps.

– Qu'est-ce que tu attends ? grogna Walid.

Elle prit son gros sexe dans la main droite et entreprit de le caresser avec une certaine brutalité. Walid se dégagea aussitôt.

– Enlève tes vêtements.

La fille obéit avec la même passivité. Ses seins, terminés par d'épaisses pointes très brunes, tombaient un peu. Walid se concentra sur son ventre orné d'une abondante toison noire. Comme il enfonçait sa main dans son sexe, il remarqua une grosse cicatrice boursouflée sur sa cuisse gauche, à l'intérieur.

– Qu'est-ce que c'est ? dit-il. Tu t'es brûlée ?

– *La*[1]. Les chiens.

Samira faisait partie d'un groupe de femmes qui avaient été arrêtées par les Américains, parce qu'on avait trouvé des armes dans leur maison. Emmenées à la prison d'Abu Ghraib, elles avaient été torturées pendant plusieurs semaines, avant d'être relâchées. Une des plaisanteries habituelles de leurs gardiens était de les faire sortir dans une cour, entièrement nues, et de les livrer à des chiens loups. Parfois, ceux-ci les mordaient... Samira avait été relâchée au bout de quatre mois, sans explication. Quand elle était revenue chez elle, son mari lui avait posé des tas de questions sur son séjour. Apprenant ce qu'on lui avait fait, il l'avait jetée dehors... Depuis, elle se livrait régulièrement à la prostitution pour survivre. Après avoir vainement proposé à des groupes de la résistance de se sacrifier. Hélas, ne sachant pas conduire, elle ne pouvait pas piloter une voiture piégée. Et, à Bagdad, les kamikazes à pied n'avaient pas encore fait leur apparition.

Walid regarda sa montre. Il n'avait pas trop de temps. Il retourna s'allonger sur le lit, le sexe dressé, et lança à Samira :

– Vas-y !

Elle se pencha et commença à le sucer maladroitement. Avant son séjour à Abu Ghraib, elle n'avait jamais pratiqué la fellation. Agacé, l'Irakien écarta sa bouche et la força à s'installer sur lui à califourchon, son entrejambe effleurant l'extrémité de son sexe imposant, émergeant de la forêt de poils noirs de son ventre.

1. Non.

Quand il fut en place, il pesa d'un coup sur les hanche de sa partenaire.

Samira poussa un cri de douleur : elle était sèche comme de l'amadou et le membre ne pénétra en elle que de quelques centimètres. Walid, lui, était incroyablement excité. Il avait l'impression de violer une très jeune fille. Ce qu'il avait fait une fois avec une cousine vaguement débile. Serrant les hanches de Samira entre ses fortes mains, il accentua sa pression. Cette fois, son sexe s'enfonça d'un trait jusqu'à la base. Samira hurla et ce cri déclencha l'orgasme de Walid. En quelques secousses, il se vida dans le ventre de la prostituée, puis, à peine apaisé, il la repoussa, et se détendit quelques instants. Samira ramassa son caraco et sa longue jupe, puis s'enfuit sans un mot. Maudissant pour la millième fois les Américains. Si elle en avait tenu un, elle l'aurait déchiré vivant avec ses dents.

***

– Monsieur Malko ?

– Oui, répondit Malko, surpris par cette voix inconnue. Qui êtes-vous ?

– C'est Walid, continua l'homme avec une intonation pleine d'humilité. Je sais que vous ne m'estimez pas, mais vous vous trompez. Moi aussi, j'ai été abusé par ce Tunisien…

– Ce n'est pas grave, fit Malko, agacé.

– Je voudrais vous prouver que je suis honnête, continua le *fixer*. J'ai pris rendez-vous pour vous avec un homme très puissant. Hadith Al-Dhari, à la mosquée Oum Al-Kura. Je le connais depuis longtemps. Il veut vous aider, car il est très respecté à Fallouja. Je n'en ai même pas parlé à M. l'ambassadeur. D'ailleurs, il ne veut plus me voir à l'ambassade.

Malko faillit dire non tout de suite puis se ravisa. Après tout, le sort des deux otages italiennes reposait *uniquement* sur la bonne volonté de Moumir. Qui pouvait très bien se raviser… Cela ne coûtait rien d'explorer avec prudence un autre canal.

– Merci, dit-il. Le rendez-vous est pour quand ?

– Demain. Je vous retrouve à l'entrée de la mosquée. Ahmed sait où elle se trouve. À midi.

– J'y serai, promit Malko.

Walid se confondit en remerciements : il cherchait visiblement à se racheter… Dès qu'il eut raccroché, Malko appela Bruce Chaplin et demanda :

– Vous connaissez un certain Hadith Al-Dhari ?

– Le « sauvage » ! C'est la traduction de son nom arabe. Oui, bien sûr, pourquoi ?

– Il paraît qu'il serait prêt à m'aider, d'après Walid. Il a pris rendez-vous pour demain.

Le chef de la CIA soupira.

– Il veut seulement vous extorquer un peu d'argent. Al-Dhari nous hait. Il a déjà été arrêté plusieurs fois. Il a de l'influence, c'est vrai, mais ne l'utilisera sûrement pas pour faire libérer des otages. Récemment, dans un prêche à la mosquée Oum Al-Kura, il a proclamé que c'était un devoir sacré pour chaque Irakien de couper la tête d'un Américain. Que chaque Américain décapité donnerait droit à soixante-dix vierges. Allez-y quand même et si vous pouvez oublier une grenade sous la table, je ne vous blâmerai pas.

Malko se dit qu'il irait malgré tout à cet improbable rendez-vous. Il en avait assez de tourner en rond dans cette petite maison trop calme. Abed, toujours penché sur ses vieilles radios, n'ouvrait pas la bouche, et, en plus, son anglais se résumait à une demi-douzaine de mots.

Deux jours déjà s'étaient écoulés depuis le rendez-vous avec Moumir. Il n'avait aucun moyen de savoir ce qui se passait à Fallouja. L'angoisse lui coupait l'appétit. Sa visite à la mosquée lui changerait les idées, même s'il n'en sortait rien. Échaudé, l'ambassadeur d'Italie n'osait plus l'appeler. Malko avait des nouvelles par l'intermédiaire de Souab qui « enfumait » les journalistes italiens retranchés au *Rimal*. Depuis leur folle soirée à son retour de Fallouja, il ne l'avait pas revue.

***

La mosquée Oum Al-Koura se trouvait au nord-est de Bagdad, non loin du Dora Expressway. Ahmed quitta la voie rapide pour s'engager dans le chemin de terre conduisant à la grille d'entrée de la mosquée. On apercevait au-delà des arbres ses multiples minarets. Juste devant le bâtiment, des engins de travaux publics aplanissaient un terrain vague. Avant le porche de pierre, un poste de garde était tenu par les gardes de sécurité. Aucune autre voiture en vue.

– Il n'est pas encore arrivé, remarqua Ahmed.

Malko regarda sa Breitling : midi dix. L'exactitude n'était pas le fort des Irakiens.

– On va attendre un peu, fit-il.

Quelques instants plus tard, un taxi surgit de l'expressway et vint s'arrêter en bordure du terrain vague, cinquante mètres derrière eux. Personne n'en sortit. Il devait venir chercher quelqu'un de la mosquée. Ses ailes oranges brillaient dans le soleil. Rien ne se passa pendant quelques minutes, puis un des gardes de la mosquée, une Kalach à bout de bras, s'approcha à pied et demanda à Ahmed ce qu'ils faisaient là. Le chauffeur expliqua qu'ils avaient rendez-vous avec Hadith Al-Dhari et une autre personne qui n'était pas encore arrivée. Rassuré, le garde repartit vers le porche. De loin, Malko le vit téléphoner de l'appareil posé sur un petit tabouret. Il revint ensuite vers eux.

– Le cheikh Al-Dahri n'a rendez-vous avec personne ce matin, annonça-t-il ; d'ailleurs, il est parti à une *choura*[1].

Malko sentit une grosse poussée d'adrénaline gonfler ses artères. Le taxi n'avait pas bougé, arrêté au bord du chemin qu'ils devaient reprendre pour regagner l'expressway. Il regarda devant lui et aperçut une sorte de piste en pierraille contournant la mosquée, droit devant eux.

– Demandez-lui où va ce chemin, dit-il à Ahmed.

– Il rejoint l'expressway un peu plus loin.

– Bien, dit Malko. Démarrez et fonçez le plus vite que vous pouvez.

Sans poser de questions, Ahmed obéit. Malko se retourna et son pouls monta brusquement. Le taxi avait démarré et les suivait, cahotant sur le chemin plein d'ornières. Cette fois, il n'y avait plus de doute. Il se pencha vers Ahmed.

– Le taxi est probablement une voiture piégée. Il faut le semer, à tout prix.

***

Ahmed accéléra et, pendant quelques minutes, la Chevrolet cahota sur le chemin défoncé, dans un nuage de poussière, le taxi toujours à ses trousses.

Ils rejoignirent enfin une rampe grossière menant à l'expressway et Ahmed se glissa dans la circulation. Du coin de l'œil, Malko vit le taxi en faire autant. Il se trouvait à une centaine de mètres derrière eux. Malko sentit la sueur coller sa chemise à son dos. C'était la

1. Réunion.

tactique utilisée par les kamikazes pour attaquer les patrouilles américaines.

Se rapprocher le plus possible puis faire exploser la charge du véhicule kamikaze. Or, contrairement, aux Humwee ou aux Bradley, la Chevrolet Caprice n'avait pas de blindage…

Pendant une dizaine de minutes, Ahmed réussit à maintenir la même distance entre les deux véhicules. La circulation était heureusement assez fluide. Malko commençait pourtant à s'angoisser. Au premier embouteillage, le taxi les rattraperait et boum… Généralement, la charge moyenne de ces *cars-bombs* était d'une centaine de kilos d'explosif militaire, plus quelques obus de 155. De quoi tout pulvériser dans un rayon de cent mètres. Chaque voiture piégée faisait des dizaines de morts…

Le pouls de Malko grimpa encore. Le taxi était en train de doubler à grands coups de klaxon un camion remorque. Le kamikaze avait visiblement décidé d'en finir.

CHAPITRE XV

Pied au plancher, Ahmed fonçait le plus vite possible. Il venait de s'engager dans la rampe du Dora Expressway, le taxi toujours à leurs trousses. Malko se détendit imperceptiblement. Sur cette autoroute à trois voies, ils avaient une bonne chance de ne pas se faire rattraper. Ils franchirent le pont sur le Tigre, filant vers le sud, la boucle qui contournait Bagdad pour remonter ensuite vers l'échangeur d'Airport Road.

Soudain, Ahmed ralentit et le pouls de Malko grimpa à 200. Devant eux, deux camions se doublaient avec une lenteur exaspérante. Malko se retourna, le taxi se rapprochait dangereusement. Ahmed l'avait vu aussi. Il déboîta brutalement sur la droite et se mit à rouler le long de la barrière de sécurité, doublant les camions sur la droite, à quelques millimètres près. Il y eut un choc sourd. Le rétroviseur de gauche de la Chevrolet venait de s'arracher contre la paroi d'un camion, qui salua leur manœuvre d'une volée de coups de klaxon furieux. Le taxi avait perdu un peu de terrain. Ils avaient un petit répit, mais le kamikaze ne se décourageait pas.

Malko aperçut soudain sur leur droite un long mur surmonté de barbelés, avec un portail protégé par les habituels miradors. Une des innombrables bases de la coalition. Un embranchement partant de l'expressway la desservait.

– Réfugions-nous là, suggéra Malko. Le taxi n'osera pas nous suivre.

– Si nous arrivons à cette allure, objecta Ahmed, les gardes des miradors vont tirer sur nous à la mitrailleuse. Et si nous ralentissons, le taxi nous rattrapera.

Fausse bonne idée.

Malko se retourna. Le taxi avait, à son tour, doublé les camions et se trouvait à nouveau derrière eux. Cette course folle allait mal se terminer. Il empoigna son portable et appela Bruce Chaplin, lui résuma rapidement la situation. Il n'y avait aucun check-point de la police irakienne en vue, encore moins des Américains et, même si cela avait été le cas, cela ferait quelques morts de plus. Le *senior officer* de la CIA ne mit pas longtemps à réagir.

– J'ai une idée, dit-il. Le CentCom localise en temps réel toutes nos patrouilles grâce à leur GPS. Je leur demande tout de suite quelle est la patrouille la plus proche de vous. Je vous rappelle. Tenez bon.

Malko sentit son estomac se nouer. Au bout d'une longue ligne droite, il y avait un bouchon. Les trois voies du Dora Expressway étaient bloquées, comme cela arrivait souvent. Pour Ahmed et Malko, cela signifiait une mort certaine.

Son portable sonna.

– Vous pouvez rejoindre la route de l'aéroport ? cria Bruce Chaplin.

Malko répéta la question à Ahmed.

– Oui, nous sommes presque à l'embranchement, précisa le chauffeur.

Effectivement, quelques secondes plus tard, Malko aperçut les grands panneaux verts annonçant AIRPORT FREEWAY.

Cinq cents mètres avant le bouchon.

– Nous le prenons, lança Malko.

Lancé à pleine vitesse, le taxi se rapprochait à nouveau.

Bruce Chaplin précisa :

– Il y a en ce moment une patrouille qui descend vers le sud. On est en train de les prévenir. Quel est le numéro de votre plaque ? Le type de la voiture ?

– Chevrolet Caprice 657937, répondit Malko.

– O.K. Ils sont à quatre ou cinq kilomètres devant vous. Rejoignez-les, donnez plusieurs coups de phares et doublez-les.

La Chevrolet bascula sur la bretelle à tout allure. Airport Road courait au milieu d'un paysage désolé, des terrains vagues ornés de quelques palmiers rabougris et desséchés. Deux voies séparées par un large terre-plein poussiéreux, semé de quelques carcasses de voitures. Malko se retourna : le taxi avait, lui aussi, emprunté la rampe et les talonnait. Accroché à son volant, Ahmed essayait de maintenir la vieille américaine sur le bitume inégal…

Ils perdirent cent mètres à cause d'un bus qui roulait au milieu de la chaussée.

Malko était en nage. Il sortit le Glock, baissa la glace et, tenant l'arme à deux mains, visa le taxi, distant d'une cinquantaine de mètres. Trois coups partirent à la suite. Impossible de voir s'il avait touché le véhicule. Hélas, à moins de mettre une balle dans la tête du chauffeur, ce qu'il faisait était totalement inutile : on n'effraye pas un kamikaze décidé à mourir.

– Voilà les Américains ! cria Ahmed.

Malko se retourna et aperçut trois blindés légers roulant à la queue leu leu sur la même voie, devant eux.

Ahmed se rapprocha. Soudain, avec horreur, Malko aperçut la tourelle du véhicule de queue pivoter, braquant la mitrailleuse de 50 sur eux. En même temps, le soldat qui la servait leva la main droite, paume en l'air, leur signifiant de ralentir. Instinctivement, Ahmed écrasa le frein. Les Américains avaient la détente facile. Malko jura et se jeta sur son portable. Ils étaient coincés. Le taxi se rapprochait. Ils avaient le choix entre être hâchés par la mitrailleuse du Bradley ou sauter avec le taxi kamikaze.

***

– Bruce, ils vont tirer sur nous !

Malko était hystérique. Le *senior officer* la CIA n'eut même pas le temps de répondre. Le soldat dans sa tourelle venait de leur faire signe de doubler le convoi ! Ce qu'ils n'autorisaient jamais, à cause justement des voitures piégées !

Quand Ahmed déboîta, le taxi n'était plus qu'à trente mètres. Cette fois, Malko aperçut le visage du conducteur. Un keffieh, un nez busqué, une grande barbe noire.

La Chevrolet remonta à toute vitesse le long des trois blindés dans le grondement de leurs chenilles. Ahmed venait à peine de se rabattre devant le blindé de tête qu'une explosion terrifiante couvrit le bruit des chenilles. Malko se retourna. Un panache de fumée noire s'élevait de la route. L'onde de choc fit trembler la Chevrolet. Les trois Bradley avaient stoppé. Ahmed en fit autant, puis recula avec prudence.

Le dernier blindé laissait échapper une fumée noire. À dix mètres de la carcasse du taxi en train de brûler. Une aile orange avait été projetée à près de cent mètres. Malko descendit. Les soldats américains, nerveux, lui firent signe de rebrousser chemin, braquant leur M-16 sur lui.

Deux minutes plus tard, un hélicoptère Apache surgit de l'ouest et s'immobilisa en vol stationnaire au-dessus des trois blindés. Une haute colonne de fumée noire s'élevait droit dans le ciel. Les véhicules qui suivaient avaient stoppé à bonne distance et commençaient à faire demi-tour. Un camion plein de policiers irakiens arriva à contre-sens, hérissé de Kalachnikov.

– Allez-y, Ahmed, fit Malko en remontant dans la voiture. On va au *Al Saader*.

Il se sentait vidé. Une fois de plus, ce n'était pas son jour. Le kamikaze avait préféré se faire sauter en détruisant un blindé qu'abandonner sa mission.

C'étaient vraiment les Fous de Dieu.

***

– Ils ont eu deux blessés, annonça Bruce Chaplin. Dont un grave, avec le bras déchiqueté. On ne saura jamais si le kamikaze a déclenché lui-même sa charge explosive ou si ce sont les projectiles de la 50 qui l'ont fait exploser. En tout cas, ça fait un nuisible de moins…

Belle oraison funèbre.

– Ces soldats ont été blessés à cause de nous, remarqua Malko, embarrassé.

– C'est la guerre, fit l'Américain, philosophe. Il n'y a pas de jour sans qu'une voiture kamikaze attaque un de nos convois sur la route de l'aéroport. Au moins, ils vous ont sauvé la vie. Vous avez une idée de qui a monté cet attentat ?

– Walid ! lâcha sans hésiter Malko. Il a été furieux que je lui casse son coup.

– Qu'est-ce que vous allez faire ?

– Rendre visite à l'ambassadeur.

***

C'est comme d'habitude Souab qui vint accueillir Malko au check-point intérieur.

– Walid est là ? demanda Malko.

La Libanaise sembla surprise.

– Non, bien sûr. L'ambassadeur lui a donné son congé. Il n'a plus le droit de mettre les pieds à l'ambassade. Pourquoi ?

Malko le lui expliqua. Éffondrée, elle le mena jusqu'au bureau de Lorenzo Modino, qui parut surpris de voir Malko.

– Vous avez du nouveau ? demanda-t-il, plein d'espoir.

– Oui, dit Malko. Mais pas ce que vous espérez.

Mis au courant, l'ambassadeur blémit.

– C'est épouvantable ! Je vais l'appeler tout de suite.

Évidemment, le portable de Walid ne répondait pas… Malko nota son adresse, dans le quartier de Mansour, sans trop d'illusions. Une seule question demeurait en suspens : le cheikh de la mosquée Oum Al-Kura avait-il participé à l'attentat ou l'ex-pilote de Saddam Hussein avait-il utilisé ses propres réseaux ?

Ahmed arborait une mine sombre, quand Malko regagna la Chevrolet.

– Il était là-bas ? demanda-t-il.

– Non, admit Malko, il ne travaille plus à l'ambassade.

– Vous avez son adresse ?

– Oui.

– Allons-y.

– À quoi bon ? Il a déjà dû filer.

Ahmed secoua la tête.

– Peut-être pas. Il vous croit mort. Même si vous ne voulez pas vous venger, il a voulu me tuer, moi aussi. Dans ma tribu, nous ne pardonnons pas ce genre de chose.

Que dire ? Malko sentait Ahmed inébranlable. Certain qu'ils ne trouveraient pas Walid, il lui tendit l'adresse remise par l'ambassadeur.

***

Depuis une demi-heure, Ahmed interrogeait tous les voisins de Walid, dans une petite rue, près du ministère du Pétrole. Le *fixer* de l'ambassade d'Italie n'était pas là et sa femme ignorait où il se trouvait. En dépit de la climatisation mise à fond dans la Chevrolet, Malko commençait à trouver le temps long. Il ne voulait pas participer à l'expédition punitive d'Ahmed.

Pas dans son éthique.

Justement, le chauffeur regagnait la voiture à grandes enjambées. Il se laissa tomber derrière son volant et annonça :

– Je crois savoir où il est en ce moment.

– C'est loin ?

– Près du Khalid-Bin-Al-Walid Expressway.

Autrement dit, de l'autre côté du Tigre. Ahmed se tourna vers lui.

– Je suis désolé, mais je veux y aller tout de suite. Après, ce sera trop tard. Je n'ai pas le temps de vous déposer chez vous.

– Bien, allons-y, se résigna Malko.

Il essaya de se détendre tandis que la Chevrolet reprenait sa course folle. Il n'en pouvait plus des expressways. Dans cette ville en pleine anarchie, seuls les conducteurs semblaient garder leur sang-froid, guidés par de rares policiers. D'un côté, il était soulagé que la tentative de meurtre de Walid ne pollue pas son opération. Mais, plus les heures passaient, plus son angoisse grandissait.

Il sentit que la voiture cahotait : ils roulaient dans un chemin de terre en contrebas de l'expressway, une zone de petites maisons entrecoupées de champs où paissaient des chèvres. Ahmed s'arrêta en face d'une maison anonyme et se retourna.

– Vous m'attendez ?

Malko ne voyait pas ce qu'il aurait pu faire d'autre, sauf partir à pied. Ce devait être de l'humour irakien. Il vit Ahmed pénétrer dans la maison et prit son portable pour appeler Souab. Il fallait penser à la soirée.

***

Walid, étendu nu sur le lit de sa chambre habituelle, jubilait intérieurement. En ce moment, son ennemi devait être mort. Bientôt, il pourrait regagner son influence auprès de l'ambassadeur. Et il avait fait d'une pierre deux coups ! Le cheikh Hadith Al-Dhari lui serait reconnaissant de lui avoir permis d'éliminer un agent de la CIA.

La porte s'ouvrit sur Samira, vêtue de son habituel caraco et d'une longue jupe ample serrée à la taille. Elle s'immobilisa à côté du lit, silencieuse comme d'habitude. Walid se leva d'un bond et commença à lui malaxer les seins. Il sentit son sexe se réveiller.

Il était tellement absorbé qu'il ne vit pas la main droite de Samira émerger des plis de sa jupe, serrant un poignard à la longue lame fine.

Quand Walid baissa les yeux, il vit la pointe du poignard pénétrer dans sa chair avant même de sentir la douleur. De toutes ses forces, Samira enfonça le poignard jusqu'à la garde en bas de son ventre, à gauche. Puis, les deux mains nouées sur le manche, elle ouvrit en biais l'abdomen du *fixer*, presque jusqu'à l'estomac. Déchirant le péritoine sur près de trente centimètres.

Foudroyé, Walid tituba et s'effondra, se vidant de son sang. Samira le contempla quelques instants et ressortit. Ahmed l'attendait dans un petit salon d'attente.

– C'est fait ?

– *Nam!*

Ahmed lui avait expliqué que Walid travaillait pour les Américains et que la résistance l'avait condamné à mort. Il avait tenu le même discours à la tenancière du petit bordel. Il prit trois billets de cent dollars dans sa poche et les tendit à Samira.

– Tu as bien servi ton pays, ma sœur. Qu'Allah te bénisse.

Samira le regarda partir. Pour la première fois depuis longtemps, elle se sentait bien dans sa peau.

***

Malko n'avait pas pu joindre Souab quand Ahmed réapparut. Apparemment détendu.

– Vous l'avez vu ?

– Non, prétendit le chauffeur, mais ce n'est pas grave. Il sait que je le cherche et sera obligé de quitter Bagdad.

Soulagé, Malko approuva. De nouveau, il fallait recommencer à compter les heures. Il se rendit compte qu'il mourait de faim : sa Breitling marquait plus que deux heures.

Il appela le portable de Souab, à tout hasard. Déjeuner seul n'était pas une perspective réjouissante. Miracle, la Libanaise se trouvait encore à l'ambassade.

– Vous voulez déjeuner avec moi ? proposa Malko. Si ce n'est pas déjà fait…

– Non, dit-elle. L'ambassadeur a un déjeuner avec les Irakiens. Nous pourrions nous retrouver au restaurant italien *Il Paese*, c'est pas loin de Harasat Street. Ahmed connaît. À propos, a-t-il retrouvé Walid ?

– Il semble que non, répondit Malko. Alors, en avant pour *Il Paese*.

***

C'était un restaurant italien presque vide, avec des nappes à petits carreaux, dans une petite rue donnant dans Harasat Street. Seul problème, un pianiste trop consciencieux qui, dans un coin de la salle, tapait comme un sourd sur ses touches. Souab arriva dix minutes après Malko, flottant dans un nuage parfumé...

Ils commandèrent : jambon de parme, pâtes au pistou, Valpolicella. Un miracle pour Bagdad. Sans le pianiste, l'endroit eût été parfait, mais on pouvait à peine se parler. Souab roulait une boulette de pain entre ses doigts. Visiblement nerveuse.

– Que se passe-t-il ? demanda Malko.

– J'ai un mauvais pressentiment, avoua la Libanaise. Je sais que vous avez obtenu un sursis pour les otages. Mais dix jours, cela passe très vite. Que va-t-il se passer ensuite ?

Malko posa sa main sur la sienne.

– J'y pense à chaque seconde. Un processus est en marche, mais je ne peux pas vous en dire plus. Faites-moi confiance.

Elle se mit à manger. Visiblement, sans appétit. Au milieu du repas, regardant par la fenêtre, Malko sursauta : deux Bradley étaient arrêtés devant le restaurant !

– Qu'est-ce qui se passe ? demanda-t-il à Souab.

La Libanaise sourit.

– Rien. Ils viennent chercher des pizzas. Avant, ils se servaient à la pizzéria *Napoli* juste en face du MOAC, mais les gens de la résistance les guettent là-bas, alors ils viennent ici.

– Qu'est-ce que c'est que le MOAC ?

– *Mother of all check-points* [1]... L'entrée principale de la « zone verte » sur Jaffa Street.

1. Mère de tous les check-points. allusion à l'expression de Saddam Hussein : Mère de toutes les batailles.

Parfois, les Amériains avaient de l'humour…

Ils terminèrent par des cafés et Souab regarda sa montre.

– Je dois retourner à l'ambassade. J'ai pris la voiture de l'ambassadeur.

– On se voit ce soir ? proposa Malko.

Elle s'excusa d'un sourire.

– Non, je vais me reposer. Tous ces chocs m'épuisent. Peut-être même que je coucherai dans une des chambres de la résidence. Lorenzo Modino m'a demandé de rester dîner. Il est terriblement angoissé. Demain, peut-être.

Tout le côté « porno chic » de la jeune Libanaise semblait s'être évanoui. Malko se revit enfoncé jusqu'à la garde dans ses reins. Il aurait bien recommencé.

* * *

Installé sur un des canapés de l'ex-cabinet dentaire, Malko lisait le *Herald Tribune* de la veille, récupéré au *Sheraton*. Il n'avait même pas dîné. La sauce des pâtes de *Il Paese* était sûrement à base de ciment. Même le thé d'Abed n'avait pas réussi à faire fondre la boule qui obstruait son estomac. Son journal terminé, il décida d'aller se dégourdir les jambes. Le tronçon de rue entre la villa et le check-point était à peu près sûr et il avait son Glock. Il fit quelques pas, respirant l'air délicieusement tiède. Passa à côté d'une vieille CX Citroën abandonnée au bord du trottoir. Les étoiles brillaient dans le ciel.

On se serait cru dans une ville normale.

Son portable sonna. Peut-être Souab revenue à de meilleurs sentiments ? Les aiguilles lumineuses de sa Breitling indiquaient à peine neuf heures.

Ce n'était pas Souab mais une voix d'homme qui prononça juste une phrase en arabe, avant de raccrocher.

Aucun numéro ne s'était affiché. Son pouls fit un bond. C'était sûrement le cousin de Moumir ! Il devait coûte que coûte connaître la teneur du message. Il appela Bruce Chaplin. L'Américain était sur messagerie. Malko demanda qu'on le rappelle d'urgence. Fiévreusement, il composa alors le numéro de Souab, elle aussi sur répondeur… Il laissa le même message, et revint vers la maison. Il ne l'avait pas encore atteinte quand la Libanaise rappela.

– Qu'est-ce qu'il y a ?

– J'ai besoin de vous pour me traduire un message téléphonique.

– Maintenant ? fit-elle, nettement suspicieuse.

– Oui, *maintenant*, confirma Malko. Si j'avais une voiture, je viendrais, mais j'ai renvoyé Ahmed depuis longtemps.

Il y eut un long silence, puis Souab demanda :

– C'est au sujet de…

– Oui, coupa Malko.

Il entendit une conversation à mi-voix, puis la Libanaise le reprit :

– Très bien, dit-elle. L'ambassadeur me prête sa voiture blindée et ses gardes du corps. Ils m'attendront.

Ce qui signifiait que c'était une visite strictement professionnelle.

– Je vous attends, conclut Malko.

***

La Mercedes noire blindée stoppa en face de la villa et un des gardes, armé d'un pistolet-mitrailleur Beretta, descendit puis ouvrit la portière. Souab émergea de la voiture et Malko lui tendit aussitôt son portable.

– Traduisez-moi le dernier message.

Il composa son code secret puis tendit le portable

à Souab. Celle-ci écouta, les sourcils froncés, puis regarda Malko.

– C'est un homme qui dit seulement qu'il ne pourra vous livrer votre télé demain matin vers sept heures parce qu'on lui a volé son camion. C'est pour cela que vous m'avez fait venir ?

– Oui, dit Malko, l'âme en joie. C'est pour cela.

CHAPITRE XVI

Le jour se levait. Il était un peu plus de six heures du matin mais il faisait déjà chaud. Malko bâilla. Il n'avait pas beaucoup dormi. Après le départ de Souab, très intriguée, Bruce Chaplin l'avait rappelé à son tour. Il avait coupé son portable durant un *meeting* important dans la « zone verte ». Le message du cousin de Moumir était facile à décrypter. Moumir avait décidé de s'évader avec les deux otages italiennes et il pensait arriver au check-point américain, à l'entrée de Fallouja, à sept heures du matin.

Le *senior officer* de la CIA était venu chercher Malko avec trois véhicules blindés à cinq heures du matin et ils avaient pris l'Abu-Ghraib Expressway, désert à cette heure, ne coisant que deux véhicules de la police irakienne embusqués après un carrefour.

Ils venaient d'arriver à une base secrète de la *Military Intelligence* située juste en face de l'hôpital jordanien, à une dizaine de kilomètres de Fallouja. Un colonel en civil, qui avait juste donné son prénom, Mark, les avait accueillis. Ce groupe ne faisait que du renseignement. Tous ses membres parlaient arabe couramment. Beaucoup d'entres eux avaient déjà passé des années dans d'autres pays arabes comme l'Égypte ou la Jordanie… Leur spécialité était le « debriefing » des prisonniers. Le fait de pratiquer leur langue dégelait les Irakiens interrogés. Leur bâtiment, qui se trouvait en contrebas de la route, était une ancienne école où logeait l'ancien maire de Fallouja, chassé de chez lui par les résistants pour cause de collaboration.

Bruce Chaplin avait briefé son homologue responsable de la zone pour toutes les opérations clandestines.

Le colonel Mark avait aussitôt envoyé son équipe au check-point US établi au début de la route n° 10 qui traversait Fallouja, avec la description du fourgon du marchand d'électro-ménager susceptible de contenir des individus de *high value*. Il fallait éviter toute bavure.

Avec Bruce Chaplin, ils avaient discuté de la possibilité de poster sur le parcours supposé du fourgon, à l'intérieur de Fallouja, quelques hommes munis de lunettes de vision nocturne, mais c'eût été trop dangereux.

Il ne restait plus qu'à attendre, sans aucun moyen de suivre l'évolution des événements. Depuis longtemps, les hélicos ne survolaient plus Fallouja à cause des SAM 7.

Il n'était encore que six heures dix.

***

Malko bâilla à se décrocher la mâchoire. Il était ressorti de l'ex-école pour venir se poster au bord de la route. Bruce Chaplin attendait à l'intérieur, à côté de la radio le reliant au check-point. Un long convoi de camions-citernes passa devant Malko, escorté par des Humwee hérissés de mitrailleuses. Il y avait pas mal de circulation civile, des véhicules venant de Ramadi ou Fallouja, ou même de plus loin, de Jordanie. Des ambulances arrivaient sans arrêt à l'hôpital, de l'autre côté de la route. Un Apache passa, volant très bas, filant vers le sud, suivi aussitôt par un Blackhawk. Le soleil commençait à taper fort. Malko était engourdi par la fatigue et l'angoisse. Il n'avait pas dû dormir plus de deux heures. Il baissa les yeux sur sa Breitling. Sept heures trente.

Dans ses moments d'euphorie, il se voyait débarquer à l'ambassade d'Italie avec les deux otages libérées… À tout hasard, il avait apporté une enveloppe avec 10 000 dollars à remettre au cousin de Moumir.

Une fusillade lointaine brisa le silence pendant quelques secondes, suivie des bruits de chenilles de chars, vers l'ouest. Le QG d'Abdallah Al-Janabi n'était qu'à guère plus de deux kilomètres, à vol d'oiseau. Dans une autre planète.

Bruce Chaplin le rejoignit, un café dans une main et un Motorola dans l'autre.

– *No news, good news* [1], dit-il avec un sourire un peu forcé.

– Il est encore tôt…, essaya de se persuader Malko.

Ce qui signifiait qu'il ne fallait pas encore se décourager. Un des hommes des Forces spéciales arriva avec du café dans des gobelets de carton. Trop chaud.

– Il n'y a aucun moyen de savoir ce qui se passe là-bas ? interrogea Malko.

– Aucun, reconnut l'Américain. Il y a bien des drones qui tournent autour de Fallouja, mais ils sont contrôlés par le Pentagone et ils ne nous disent pas grand-chose. Ne vous angoissez pas. Ils ont pu avoir un contretemps. En tout cas, il n'y a aucune activité inhabituelle dans la zone.

Un vrombrissement assourdissant les fit sursauter. Deux F-16 passèrent en rase-mottes, venant de l'est. Ils disparurent au ras du désert, puis Malko les vit monter en chandelle au-dessus de Fallouja. Visibles dans le ciel bleu comme des mouches dans une tasse de lait.

1. Pas de nouvelles, bonnes nouvelles.

Gracieusement, ils basculèrent ensuite sur l'aile et piquèrent sur la ville, dans un sifflement assourdissant, lâchant quelques roquettes avant de s'éloigner.

– Les Irakiens n'aiment pas beaucoup cela, commenta Bruce Chaplin. Ça les impressionne beaucoup quand ils piquent.

– C'est une très vieille technique, ne put s'empêcher de dire Malko. Pendant la Seconde Guerre mondiale, les Allemands faisaient la même chose avec les Stukas.

Les deux F-16 avaient disparu. Malko se sentait de plus en plus envahi par l'angoisse. Normalement, Moumir aurait dû s'enfuir dès l'aube, avec les deux otages, dans le fourgon de son cousin. Tant de choses avaient pu se passer ! Il essaya de se rassurer en se disant que, même s'ils avaient dû remettre leur évasion, ce n'était pas grave. Le marchand d'électro-ménager le préviendrait sûrement, grâce à son portable.

Le café le réveilla un peu.

Les véhicules continuaient à défiler devant eux, la plupart allant vers Bagdad. Il faisait de plus en plus chaud. Bruce Chaplin repartit vers l'ancienne école, discuter avec le colonel Mark. Malko, lui, ne pouvait détacher son regard de la route, se raccrochant à l'espoir que les fugitifs avaient pu emprunter un autre itinéraire que la route n° 10 et, donc, éviter le check-point.

*
* *

– Je pense qu'il vaut mieux rentrer ! laissa tomber Bruce Chaplin. De toute façon, je serai prévenu immédiatement s'ils se présentent au barrage.

Il était presque midi. Cela faisait six heures qu'ils étaient là.

Malko dut s'incliner. L'évasion avait dû être remise, pour une raison inconnue. Ils reprirent la route de

Bagdad, traversant Abu Ghraib. Bruce Chaplin déposa Malko à la villa, en face de l'ambassade des Pays-Bas. Ahmed attendait à côté de sa Chevrolet. Malko se précipita vers lui.

– Allez au magasin de Harif. Demandez s'il est revenu de Fallouja et dites que la télé est en panne.

Il rentra dans la villa, accueilli par Abed et l'éternel plateau de thé. Il n'avait même pas envie de manger ou de boire et se rua sous la douche. Il s'étendit ensuite sur le lit, le portable à portée de main. Il aurait pu s'assoupir, mais la tension nerveuse l'en empêchait. La sonnerie du portable le fit sursauter. C'était Ahmed.

– Harif est à Fallouja, annonça-t-il. Son employé ignore quand il reviendra.

– Son magasin de Fallouja doit avoir un téléphone, dit Malko. Essayez de l'obtenir.

***

Ahmed rappela quelques minutes plus tard. Le téléphone du magasin de Fallouja avait été coupé par les bombardements. Il n'y avait plus qu'à attendre. Harif allait bien réapparaître, avec ou sans son fourgon… Malko tournait en rond comme un fauve en cage.

À trois heures, Bruce Chaplin appela.

– Toujours rien au check-point, annonça-t-il. On a transmis les consignes à l'équipe de l'après-midi. J'ai l'impression que l'opération a été démontée. Ce n'est pas grave. Si Harif n'a pas réapparu c'est que son fourgon est toujours là-bas. Donc, il y a encore une chance pour demain.

Malko essaya de se raccrocher à une idée rassurante. Le marchand d'électro-ménager ne faisait jamais que des allers et retours entre Bagdad et Fallouja. S'il était toujours là-bas, c'était sûrement pour laisser son véhicule à la disposition des fuyards. Il se maudit de ne pas lui avoir demandé le numéro de son portable ! Il n'osait pas renvoyer Ahmed une troisième fois aux nouvelles, cela risquait d'éveiller les soupçons.

L'après-midi passa sans même qu'il s'en rende compte ! La nuit tombait. À sept heures, il se décida à rappeler Bruce Chaplin.

– On y retourne demain matin ?

– Pas de problème ! répondit l'Américain sans enthousiasme. Je viens vous prendre vers cinq heures et demie. Cela ira ?

– Cela ira, confirma Malko.

Il avait beau se dire que c'était idiot de retourner là-bas, toutes les mesures étant prises pour accueillir les évadés, c'était plus fort que lui : il voulait les voir arriver sur la route.

Souab appela vers huit heures et demie.

– Vous avez eu des nouvelles de votre réparateur télé ? demanda-t-elle.

Malko se força à répondre d'un ton léger.

– Pas encore, mais je vais certainement en avoir.

La Libanaise n'insista pas. Malko se remit à broyer du noir. Demain, il ne resterait plus que neuf jours avant le début du ramadan.

Bien sûr, par l'intermédiaire d'Abdallah Al-Janabi, il pouvait proposer de l'argent aux ravisseurs. Beaucoup d'argent. Il n'était pas certain qu'ils acceptent. De l'argent, les gens de Fallouja en avaient autant qu'ils voulaient, grâce aux Saoudiens et aux Émiratis. Sans parler des rançons précédentes.

Il alla se coucher et eut un mal fou à s'endormir.

***

Malko se dressa en sursaut : son portable sonnait. Le pouls à 200, il répondit. Ce n'était que Bruce Chaplin.

– Je suis devant votre maison, dit-il. Il est cinq heures et demie.

Malko fut en bas un quart d'heure plus tard et ils partirent dans les rues encore désertes de Bagdad. Les gardes du check-point de la rue n° 38 somnolaient sous leur auvent. Il leur fallut à peine une heure pour arriver à la base secrète de la *Military Intelligence*. Et la planque recommença. Toujours aussi monotone.

Cette fois, à onze heures, Malko jeta l'éponge.

– Rentrons, décida-t-il. C'est idiot, je vous fais perdre votre temps. Il y a eu un contretemps. Nous saurons ce qu'il en est dès que Harif aura réapparu.

Il se forçait au calme, mais, intérieurement, il était tordu d'angoisse. Tout cela ne lui disait rien de bon. Ils reprirent en silence la route de Bagdad au milieu des convois américains. Bruce Chaplin, lui aussi, commençait à se faire un sang d'encre.

– J'ai demandé aux gars des Forces spéciales d'essayer d'obtenir des informations, fit-il. Ils ont quelques informateurs. Mais c'est un *long shot*.

– Que pourrait-on tenter d'autre ? demanda Malko.

L'Américain soupira.

– Je ne vois rien. Nous ne savons même pas où elles se trouvent. Il faudrait fouiller chaque maison, c'est à dire reprendre Fallouja... C'est prévu, mais pour le mois prochain.

– Et rien ne dit que cela marche ! renchérit Malko. J'ai vu des gens bien entraînés, bien organisés, bien armés. Ce ne sera pas facile.

– Heureusement, ce n'est pas mon problème, précisa l'Américain.

Malko avait beau se creuser la tête, il ne voyait pas de solution alternative. En rentrant dans Bagdad, il eut une inspiration.

– Je vais passer voir Habiba Zayman. Elle a peut-être eu des nouvelles par sa sœur.

C'était peu probable, car la doctoresse l'aurait aussitôt prévenu, mais il se raccrochait à tout.

***

Habiba Zayman pâlit en voyant Malko. Abandonnant un patient avec qui elle discutait, elle vint vers lui, et demanda d'une voix tendue :

– Il y a du nouveau ?

– C'est la question que je venais vous poser, répliqua Malko. Cela devait se passer hier…

– Et alors ?

– Rien. Vous pouvez joindre Moumir ?

– Pas directement. Par ma sœur, seulement. Je peux essayer, mais j'ai peur d'attirer l'attention. Et son cousin ?

– Il n'a pas reparu à son magasin de Bagdad.

– Gardez espoir, c'est une opération très difficile. Même s'il y a quelques jours de retard, ce n'est pas grave.

– Il nous reste neuf jours, souligna Malko.

Il ressortit de la Medical City plutôt déprimé, et essaya de se persuader qu'il fallait rester optimiste. Si l'évasion n'avait pu avoir lieu, Moumir et son copain ne pouvaient pas communiquer. Peut-être leur chef avait-il décidé de déplacer les otages. Il y avait tant de possibilités !

– Ahmed, dit-il, vous me déposez au *Palestine* et vous allez voir si Harif a réapparu.

Au moins, au *Sheraton*, voisin du *Palestine*, il aurait le *Herald Tribune*. Deux heures à ne pas penser. Le chauffeur le déposa au coin d'Abu-Nawas. En passant devant le *Al Fanar*, il eut soudain une idée et entra.

– Mlle Solveig est là ? demanda-t-il.

L'employé vérifia les clefs au tableau.

– Oui.

Il l'appelait déjà et tendit l'appareil à Malko.

– Je suis passé, mais je n'ai rien à boire, lança-t-il.

La Finlandaise le reconnut et éclata de rire.

– Ça ne fait rien ! Montez !

La porte de la chambre 420 était entrouverte et lorsqu'il entra, Malko découvrit un cameraman assis sur le lit, un gros irakien aux yeux globuleux. Solveig griffonnait fébrilement des notes et leva à peine le nez.

– J'ai un « plateau » dans cinq minutes, dit-elle.

Il la laissa terminer et elle se leva d'un bond. Elle portait un T-shirt sans soutien-gorge et un jean usé et déchiré. Ses gros seins ballottaient sous le tissu léger.

– On y va ! lança-t-elle.

Malko suivit. À sa grande surprise, ils prirent l'ascenseur pour *monter*. Au dernier étage, ils empruntèrent un escalier étroit menant à la terrasse de l'hôtel. Solveig alla s'appuyer à la rambarde de pierre, tournant le dos à la « zone verte », de l'autre côté du Tigre. On distinguait dans le lointain les anciens palais de Saddam. La Finlandaise sourit.

– Les télés adorent ça ! On y va.

Malko s'écarta pendant qu'elle faisait son speech devant la caméra. Ensuite, le cameraman s'esquiva pour aller envoyer ses images. Le portable de Malko sonna. C'était Ahmed.

– Harif n'est pas revenu, il paraît qu'il est toujours à Fallouja, annonça-t-il.

– Merci, dit Malko.

Le suspense continuait. Solveig, un peu déhanchée, toujours appuyée à la rambarde, l'observait.

– Des problèmes ?

– Non, non, assura Malko.

La Finlandaise poussa un profond soupir et leva son visage vers le soleil.

– J'adore être ici ! On est tranquille, il y a une belle vue et cela fait peur aux soldats qui défendent la « zone verte». Une fois, un type a tiré une roquette de cette terrasse. Depuis, ils nous surveillent en permamence à la jumelle.

Malko se rapprocha et son regard descendit jusqu'à la poitrine pleine de la journaliste. Solveig, sans se troubler, demanda :

– Vous aimez mes seins ?

Le regard malicieux, elle le fixait par en dessous. Pris de court, Malko se contenta de sourire. Solveig insista :

– Vous pouvez les toucher ! Ils ne vont pas vous mordre.

Ce qu'on appelle une avance *directe*.

Solveig avança son ventre plat lorsque Malko obéit à sa demande. Ses seins étaient lourds, fermes et tièdes. Lorsqu'il remonta jusqu'à leurs pointes, Solveig écrasa sa bouche sur la sienne, envoyant une langue vive comme un lézard. En même temps, elle se frottait doucement contre lui. Puis, elle rejeta la tête en arrière et dit en souriant :

– C'est une bonne idée d'être passé. Même sans champagne. Ça fait un moment que je n'ai pas baisé. Ici, il n'y a que des blaireaux. Vous pouvez aller fermer la porte de l'escalier ?

Malko obéit et verrouilla la porte en bois vermoulu. Lorsqu'il revint vers Solveig, elle s'était retournée, appuyée à la rambarde, les reins creusés. Il vint presser son ventre contre ses fesses et glissa les mains sous le T-shirt, trouvant la chair tiède de la poitrine. Solveig se cambra encore plus et s'incrusta contre Malko. Électrisé par cette jeune salope scandinave, il avait mis de côté ses soucis pour quelques minutes et sentait grandir son désir. Solveig tourna la tête vers lui.

– Baise-moi comme ça ! Les connards en face vont tout voir ! J'espère qu'ils vont se branler comme des fous.

Elle défit elle-même le Zip de son jean qu'elle descendit sur ses hanches, découvrant sa croupe nue : elle ne portait aucun dessous. L'habitude des saunas sans doute.

À son tour, Malko se libéra.

Solveig se cambra encore plus et il n'eut pas beaucoup de mal à trouver l'entrée de son ventre où il s'enfonça d'un trait, tenant les hanches de la jeune femme à deux mains. Entièrement fiché en elle, son ventre collé aux fesses fermes, il commença à bouger très doucement. Solveig poussa un petit cri.

– *That's good*[1] !

Malko n'en revenait pas de cette étreinte impromptue. Cette ville était folle. Avec la mort qui rôdait partout, les innombrables contraintes, on sautait sur tous les plaisirs, quand ils passaient à portée de main.

Il lâcha les hanches de Solveig et prit ses seins à pleines mains sous le T-shirt. Déchaîné, il se mit à projeter la jeune femme contre la rambarde à violents coups de reins, jusqu'à ce qu'il explose au fond de son ventre, les mains crispées sur ses seins.

C'était extraordinaire : pendant quelques minutes, son cerveau n'avait plus fonctionné, il n'avait plus vécu qu'à travers son sexe tendu dans le ventre de la Finlandaise. Il se retira. Solveig se retourna, remonta son jean, baissa son T-shirt et lui donna un long baiser.

– Reviens quand tu veux ! souffla-t-elle. Maintenant, je dois redescendre, j'ai un autre plateau dans une heure et je n'ai rien fait.

Ils se séparèrent au quatrième et Malko alla retrouver Ahmed, garé dans la petite rue voisine. L'angoisse, de nouveau, lui prit la tête. Que signifiait l'absence prolongée de Harif ? Rien n'était pire que cette attente, sans point de repère.

1. C'est bon !

***

Six jours ! Il restait six jours avant le début du ramadan ! Cela faisait maintenant quatre jours que Malko avait reçu l'appel de Harif, le cousin de Moumir, annonçant l'évasion des otages. Le dispositif était maintenu à l'entrée de Fallouja, mais personne ne s'était présenté. Harif n'avait pas réapparu et ses employés prétendaient ne pas savoir où il se trouvait. Le docteur Zayman ne savait rien, Bruce Chaplin s'angoissait de plus en plus et l'ambassadeur d'Italie téléphonait trois fois par jour afin d'avoir des nouvelles.

Quant à Malko, il tournait en rond, entre l'hôtel *Al Saader*, sa villa et le *Sheraton*. À Bagdad, la vie continuait, ponctuée d'explosions quotidiennes des *car-bombs*, des survols d'hélicos et des attaques de la guérilla. L'anarchie totale. Personne ne parlait plus des deux Italiennes. La veille, quarante-quatre soldats irakiens avaient été exécutés d'une balle dans la nuque sur le bord de la route, à trente kilomètres de Bagdad.

Le portable de Malko sonna et le numéro de Lorenzo Modino s'afficha. Il faillit ne pas répondre pour ne pas avoir à lui dire la même chose, puis se ravisa.

– Je viens de recevoir une cassette, annonça le diplomate italien, d'une voix d'outre-tombe.

Malko sentit son pouls grimper vertigineusement.

– Vous l'avez visionnée ?

– Non. Je vous attends.

Cette fois, Ahmed ne mit pas plus de vingt minutes à atteindre l'ambassade italienne. Souab y accueillit Malko, les yeux rouges, et lui serra la main très fort. L'ambassadeur attendait dans son bureau, la cassette posée devant lui. Malko chercha son souffle, se raccrochant à l'espoir qu'Abdallah Al-Janabi n'avait pas pu renier sa parole.

Mais en avait-il une ?

– Je n'ai encore prévenu personne, avertit le diplomate. Mon Dieu, faites que ce ne soit pas ce que je crains !

Gravement, il se signa, et Malko eut envie d'en faire autant.

– Mettez la cassette, demanda-t-il à Souab.

La jeune Libanaise enfonça la cassette dans le magnétoscope et l'enclencha. D'abord, ils n'entendirent qu'une musique lancinante puis une voix psalmodiant ce qui devait être un verset du Coran. On aurait entendu voler une mouche.

L'image apparut brusquement.

Au fond, un mur de briques mal assemblées sur lequel était accroché un rectangle de tissu noir orné en son centre d'un gros rond jaune, surmonté d'un texte en caractères arabes argentés.

Devant ce rectangle de tissu noir se tenaient cinq hommes. Quatre étaient vêtus de tenues vert sombre, le visage caché par un keffieh rouge. Le cinquième, lui, arborait une cagoule noire, une chemise noire retombant sur un pantalon noir. Il était plus grand que les autres. Deux des hommes en vert tenaient des Kalachnikov, celui de droite avait un fusil-mitrailleur et le torse barré de deux bandes de mitrailleuse. À côté de l'homme en noir, le cinquième tenait à la main une feuille de papier.

Devant eux, se tenait un homme agenouillé, les mains liées derrière le dos, en chemise jaune, la tête baissée.

L'ambassadeur se tourna vers Malko et demanda d'une voix étranglée :

– Vous le connaissez ?

Au même moment, l'homme à la cagoule noire saisit l'homme agenouillé par les cheveux, lui rejetant la tête en arrière. Même avec l'image de mauvaise qualité, on voyait qu'il était terrorisé et que ses lèvres tremblaient.

– Oui, souffla Malko.

C'était Moumir, le jeune homme qui devait faire évader les deux otages italiennes.

L'homme qui tenait le papier se mit à lire son texte :

– *Bismallah Al Rahman, Al Rahim…*

Malko sentit ses poils se hérisser. Le jeune homme s'était mis à crier d'une voix suppliante, tandis que le cagoulé lisait son papier…

CHAPITRE XVII

Pendant que l'homme derrière lui psalmodiait son texte, le jeune homme s'était mis à crier d'une voix supliante, toujours les mêmes mots.

– Qu'est-ce qu'il dit ? demanda Malko à Souab.

La jeune femme avait des larmes plein les yeux. Elle fit d'une voix étranglée :

– Il dit : « Je veux vivre, je veux vivre, je veux vivre… »

Sa voix se cassa.

Ils ne pouvaient plus détacher les yeux de cette scène abominable. Souab sanglotait et traduisait au fur et à mesure. L'ambassadeur était blanc comme un linge.

– Le tribunal islamique a jugé que Moumir Al-Khorram Al-Janabi avait commis un crime inexpiable contre l'islam. Il ne s'est pas repenti et mérite donc la juste sanction qu'a décidée le tribunal, avec l'aide du Dieu Tout-Puissant et Miséricordieux. Ensuite, c'est un verset du Coran.

À son tour, sa voix se brisa. Moumir suppliait toujours ses bourreaux. Soudain, l'homme en cagoule noire fit un pas en avant, un long poignard à la main. Il prit les cheveux du supplicié et de la main droite, lui trancha la gorge en quelques gestes précis, brandissant ensuite la tête dégoulinante de sang devant la caméra.

Le corps de Moumir gisait à terre. Le bourreau posa

la tête sur les épaules et les cinq hommes se lancèrent dans un chœur hallucinant de *Allah akbar*, en se congratulant chaleureusement.

L'écran redevint noir.

Pas pour longtemps.

C'était presque la même scène, avec un jeune homme inconnu de Malko. Certainement Said, l'ami de Moumir. Lui était muet, seul un gémissement s'échappait de ses lèvres. La scène fut un peu plus courte et légèrement différente. Cette fois, on le jeta sur le sol comme un animal. Deux des cagoulés le maintinrent tandis que l'homme à la cagoule noire lui sciait le cou, comme on tranche du pain, en plusieurs allers-retours, pendant que ses acolytes psalmodiaient des *Allah* ou *akbar* stridents. Enfin, le bourreau vint à bout de la colonne vertébrale et brandit la tête à laquelle adhéraient encore des lambeaux de chair, en hurlant à son tour *Allah* ou *akbar*. Il jeta ensuite la tête à côté du corps. L'écran redevint noir. Le compteur avait enregistré 4 minutes 37 d'horreur.

Malko avait envie de vomir, l'ambassadeur était transformé en statue de sel et Souab ne pouvait plus arrêter ses sanglots.

Ils attendirent, paralysés d'horreur, ce qui suivait.

L'écran resta noir. Souab, l'ambassadeur et Malko ne le quittaient pas des yeux, tétanisés d'angoisse. La cassette s'arrêta avec un bruit sec. Un silence pesant se prolongea d'interminables secondes, rompu par l'ambassadeur.

– Par la grâce de Dieu, ils ne les ont pas…

Sa voix vibrait d'un lâche soulagement. Malko, lui, ne voyait qu'une chose dans cette démonstration de sauvagerie : son plan de sauvetage des deux otages italiennes avait échoué et il n'avait pas de « plan B ». Dans six jours, les otages allaient être assassinées comme les deux malheureux qui avaient tenté de les arracher à leur sort. Il se retourna vers le diplomate.

– Monsieur l'ambassadeur, nous n'avons pas de raisons de nous réjouir. Ces deux hommes devaient faire évader les otages. Ce que nous venons de voir signifie que cette évasion a échoué pour une raison inconnue. Donc, que leurs geôliers sont désormais encore plus méfiants. Or, vous savez qu'elles doivent être assassinées le premier jour du ramadan. C'est-à-dire dans six jours.

Les traits de Lorenzo Modino se décomposèrent et il se recroquevilla dans son fauteuil, le visage dans les mains. Souha leva vers Malko un visage ravagé de larmes.

– Vous ne pouvez *vraiment* rien faire ?

– Je ne suis pas Superman, hélas, reconnut Malko avec tristesse. Je vais me concerter avec Bruce Chaplin. Essayer de trouver une solution. J'emporte la cassette.

– Dois-je en parler à Rome ? demanda l'ambassadeur.

– À quoi bon ? Ils n'étaient pas au courant de cette tentative pour les faire évader. Cela ne change rien au compte à rebours. Priez, si vous êtes croyant. Pour l'instant, c'est à peu près tout ce qui reste à faire.

***

Ils avaient à nouveau regardé la cassette, dans un silence de mort, en compagnie de plusieurs adjoints de Bruce Chaplin, horrifiés par la sauvagerie froide de ces deux assassinats. Malko rompit le silence.

– En tout cas, conclut-il amèrement, nous savons au moins pourquoi cette opération a échoué…

– Pourquoi ?

– Il manque un homme à ces exécutions : Harif, le marchand d'électro-ménager. C'est lui qui a trahi. Il y a des chances pour qu'on ne le revoie pas à Bagdad avant un moment. Moumir a été trop confiant. Harif a dû se dire qu'il serait considéré par les islamistes comme complice et traité en conséquence. Alors, il a pris les devants.

– Quand je pense que j'ai donné 10 000 dollars à ce fumier ! gronda Bruce Chaplin.

Personne ne releva. Le *senior officer* de la CIA s'ébroua et se tourna vers Malko.

– Je vais transmettre ce document à Langley, avec un rapport. Et je connais déjà leur réponse : qu'est-ce qu'on fait maintenant ? Si ces deux filles sont exécutées, en dehors du drame humain, c'est un cataclysme politique pour notre allié Berlusconi.

– Peut-être ont-ils une idée, suggéra ironiquement Malko. Moi, je ne vois pas.

– Il *faut* faire quelque chose, insista lourdement Bruce Chaplin. C'est impossible de laisser ces deux filles se faire égorger.

– Hélas, murmura Malko, il y a des précédents et vous n'avez rien pu faire.

Un ange passa, tenant sa tête sous son aile. La liste des otages assassinés par les groupes islamistes s'allongeait tous les jours. Funèbres témoins de la lutte entre les droits de l'homme et la raison d'État. Deux hélicos passèrent au ras des toits. Le silence se prolongea.

Malko se sentait vidé. Il n'avait même plus envie de quitter le bureau de Bruce Chaplin. Pour aller où ? La doctoresse Zayman avait fait tout ce qu'elle pouvait, l'ambassadeur d'Italie était impuissant et il ne voyait aucune ouverture.

Pendant que l'Américain dictait un message pour Langley, il s'installa dans un fauteuil avec le *Herald Tribune*. Il n'avait même plus envie de retrouver Souab pour une récréation sexuelle. Il se plongea dans la lecture du quotidien américain avec une sorte de délectation morose, espérant y trouver un dérivatif à son angoisse.

*
* *

Depuis dix minutes, Malko avait terminé son journal et réfléchissait. En page 3, un long article sur l'Irak avait attiré son attention. George W. Bush venait d'accepter la tenue d'une conférence internationale sur l'Irak qui devait se tenir le 22 novembre à Charm el-Cheikh, en Égypte, avec les États-Unis et les différents pays de la région concernés par le conflit, ainsi que des représentants de l'Union européenne.

Certains pays, comme la France, suggéraient qu'on invite à cette conférence des représentants de la résistance irakienne sunnite, en vue d'établir un cessez-le-feu pour les élections prévues en Irak en janvier 2005.

Il leva la tête.

– Bruce, annonça-t-il, j'ai peut-être une idée.

Le *senior officer* cessa instantanément d'écrire.

– Laquelle ?

Malko posa le *Herald Tribune* devant lui, désignant l'article.

– Lisez.

Quand il eut terminé, l'Américain apostropha Malko, ne comprenant visiblement pas où il voulait en venir.

– Oui, j'ai lu ce papier. J'en ai même parlé aux Irakiens. Ils sont farouchement contre. Quel rapport avec notre affaire ?

– Voilà mon idée, expliqua Malko. Si l'on proposait à l'imam Abdallah Al-Janabi de participer à cette conférence, en tant que représentant des rebelles de Fallouja, ce pourrait être une monnaie d'échange pour récupérer les deux otages italiennes.

Bruce Chaplin eut soudain l'air d'un lapin craintif.

– Hé, c'est de la politique ! souligna-t-il, pas notre business d'*intelligence*. Même mon D.G. n'a pas voix à ce chapitre-là.

Nerveux, il alluma une cigarette avec un Zippo au sigle de la CIA. Malko enchaîna calmement :

– L'affaire des deux Italiennes, c'est *aussi* de la politique. Bush ne veut pas mettre son allié Berlusconi dans l'embarras. Je sais que ni vous ni moi ne pouvons trancher, mais il faut soumettre l'idée à Washington.

– *Vous* la soumettez, rétorqua immédiatement Bruce Chaplin. Votre ami Frank Capistrano est le seul à pouvoir transmettre ce genre de proposition au Président.

– C'est ce que je vais faire, conclut Malko. Mais je vais *aussi* tâter le terrain du côté de Fallouja. Si l'idée ne les intéresse pas, c'est inutile de rêver.

– Comment ?

– Je vais essayer de retourner à Fallouja pour faire cette proposition à l'imam Abdallah Al-Janabi. Et dans l'immédiat appeler Frank Capistrano.

***

Les palmiers défilaient de chaque côté du Dora Expressway et Malko, bercé par le balancement de la vieille Chevrolet, luttait pour ne pas céder à l'assoupissement. Sa conversation avec le *Special Advisor* de la Maison Blanche l'avait un peu laissé sur sa faim. Bien sûr, Frank Capistrano n'avait pas cherché à le détourner de son projet, mais il avait été moins affirmatif sur les chances de réussite.

– Le Président doit prendre en compte beaucoup d'éléments pour une telle décision, avait-il expliqué. L'idée est séduisante mais il faut la vendre aux Irakiens.

Ce n'est pas de mon ressort. Il est en tournée électorale et je ne le verrai que demain.

– Je vais quand même lancer l'idée, avait insisté Malko. Nous sommes à six jours du début du ramadan, le 12 octobre. Je compte sur vous.

Ahmed s'engagea dans la rampe menant à la mosquée Ibn Taimiya. Après avoir garé la Chevrolet, Malko et le chauffeur traversèrent le parc pour gagner la salle des prières. C'était la fin de la prière du vendredi et l'imam Al-Soumeidai était debout au milieu de la mosquée, entouré de quelques visiteurs. Malko ne l'avait pas fait prévenir, pour ne pas risquer un refus par téléphone. Escorté d'Ahmed, il attendit patiemment que l'imam soit seul et le rejoignit. Le religieux parut étonné de le voir. Malko avait préparé son propos et il se lança, traduit par Ahmed.

– J'ai une proposition politique extrêmement importante à transmettre à l'imam Al-Janabi, annonça-t-il. Accepteriez-vous de me prendre sous votre protection pour que je me rende à nouveau à Fallouja ?

Le religieux réfléchit quelques secondes puis demanda.

– Quand ?

– Demain. C'est urgent.

Il se savait crédible aux yeux du salafiste. Celui-ci répliqua qu'il devait avertir l'imam Al-Janabi qui était très occupé. Malko ne se laissa pas démonter et lui tendit le bristol sur lequel il avait noté le numéro du portable de l'imam de Fallouja.

– Il faudrait l'appeler tout de suite, plaida-t-il. Nous n'avons pas beaucoup de temps…

L'imam hésita un temps qui parut incroyablement long à Malko, avant de lancer :

– Attendez-moi ici.

Il traversa la mosquée d'un pas pressé et Malko le vit s'engager dans l'escalier menant à son bureau du premier étage. Il attendit. Un quart d'heure. Une demi-heure, puis une heure s'écoulèrent. Il n'y avait plus qu'eux dans la mosquée. Était-ce une fin de non-recevoir ? Il ne pouvait quand même pas aller relancer le religieux dans son bureau.

L'imam reparut au moment où il commençait à désespérer et jeta une phrase brève à Ahmed.

– Il peut vous accompagner demain, à huit heures, mais il n'a pas de voiture. L'imam est d'accord pour vous recevoir.

– Dites-lui que nous prendrons la vôtre. Vous êtes d'accord pour y aller ?

– Si c'est indispensable.

Intérieurement, Malko reprit un peu espoir. Il avait au moins l'occasion de tenter une dernière fois de sauver des deux Italiennes. Le risque pour lui d'aller à Fallouja était limité. On ne kidnappe pas les envoyés gouvernementaux et il s'était rendu compte que l'imam Al-Janabi contrôlait parfaitement la situation. En plus, il avait un passeport d'un pays neutre, non-membre de la coalition honnie par les Irakiens.

– On retourne au *Al Saader*, fit-il à Ahmed.

***

– *You have balls*[1] *!* soupira Bruce Chaplin quand Malko lui apprit qu'il partait le lendemain matin à Fallouja. Je vais prévenir les check-points de chez nous, que vous n'ayez pas de problèmes. *My God!* Si vous pouviez réussir !

– Nous prenons la voiture d'Ahmed, précisa Malko. J'ai l'intention d'entrer dans Fallouja par la route normale, la 10. Il faut donc prévenir les check-points de cet itinéraire.

1. Vous avez des couilles !

– J'irai moi-même là-bas demain matin, assura l'Américain. Vous n'avez rien à craindre.

– Priez ! conclut Malko. Si cette tentative-là échoue, les deux otages italiennes vont être décapitées. Sauf si Silvio Berlusconi accepte de retirer les troupes italiennes d'Irak.

***

Ils étaient passés sans ralentir devant l'hôpital jordanien et approchaient de l'entrée est de Fallouja. L'imam Al-Soumeidai avait insisté pour être accompagné d'Amin, son barbu interprète, assis à l'avant à côté d'Ahmed.

Celui-ci ralentit.

Ils arrivaient au check-point interdisant l'entrée de Fallouja. Des chicanes, deux chars Abrams embusqués, des herses aux pointes acérées, des murs de ciment et de sacs de sable. Un soldat casqué, engoncé dans son gilet pare-balles, braqua son M-16 sur la voiture et cria de faire demi-tour.

– J'y vais, dit Malko.

Arrivé près du soldat méfiant, il lui tendit les papiers de la voiture.

– Nous avons l'autorisation de passage, dit-il. Vérifiez auprès de votre hiérarchie.

Grâce au micro accroché à son épaule, le GI s'exécuta et quelques instants plus tard, fit signe à son collègue de tirer sur le côté la herse interdisant le passage. Tandis qu'ils franchissaient le check-point, Mehdi Al-Soumeidai marmonna quelque chose dans sa barbe.

– Qu'est-ce qu'il dit ? demanda Malko.

– Qu'Allah fasse que tous ces chiens mangeurs de porc meurent et pourrissent !

L'image des « libérateurs » s'était abîmée…

Cinq kilomètres plus loin, ils atteignirent la mosquée

Saad Ibn Abu Wakkas qui abritait les bureaux de l'imam Abdallah Al-Janabi. Un groupe de résistants gardait la porte, mais quand Mehdi Al-Soumeidai, coiffé de son beau turban blanc, émergea de la Chevrolet, ils s'écartèrent respectueusement.

L'imam joufflu les reçut dans son petit bureau, tout en signant des bons d'essence et de nourriture. Mehdi Al-Soumeidai exposa en arabe le motif de leur visite et Malko vit à l'éclat de son regard qu'il semblait vivement intéressé. Lorsqu'il eut terminé, Al-Soumeidai congédia Ahmed d'une phrase sèche. Il tenait à la confidentialité de l'entretien. Dès que le chauffeur se fut éclipsé, Abdallah Al-Janabi se mit à poser des questions précises par l'intermédiaire d'Amin.

Un gosse apporta le plateau avec les verres de thé. L'imam de Fallouja se mit à siroter le sien en silence, puis prononça enfin quelques mots.

– L'émir va étudier votre proposition, conclut Amin. Personnellement, il est favorable car notre Saint Coran conseille de ne pas s'attaquer aux femmes. Cependant, nous sommes en période de *djihad*, ce qui modifie un peu les règles. Il va donc soumettre cette proposition à la *choura* des groupes de résistance.

– Il faut que la réponse soit rapide, souligna Malko.

– Elle le sera, assura le religieux.

– De plus, enchaîna Malko, le gouvernement italien est prêt à verser une importante compensation financière à ce groupe pour son approche humanitaire s'il libère ces deux otages. Une compensation dont vous fixerez vous-mêmes le montant.

Les mots lui écorchaient la bouche, mais il n'était pas en position de force. Une lueur d'intérêt, vite réprimée, passa dans les yeux sombres de l'imam Al-Janabi. Les dollars ont toujours bonne réputation. Il se lança dans un long discours en arabe, traduit aussitôt par Amin.

– L'émir va faire de son mieux pour obtenir une issue pacifique à cette affaire, conformément aux préceptes de l'islam. Il vous transmettra, sous quarante-huit heures, la réponse de la *choura*.

– Ici ?

– Non. Il vous donne une adresse à Bagdad où il a installé toute sa famille qui a fui les bombardements de Fallouja. C'est la maison de son oncle. La réponse sera transmise au frère de l'imam, qui se nomme Maarouf. Voici son téléphone.

Malko empocha le bout de papier avec le précieux numéro de téléphone et une adresse.

L'imam prit congé d'eux avec un signe de tête aimable.

Un assassin charmant et bien élevé.

Lorsque Malko regagna la Chevrolet, il était raisonnablement optimiste. L'imam Al-Janabi était assez puissant pour influencer le groupe qui détenait les deux Italiennes. En plus, la perspective de jouer un rôle politique important ne devait pas lui déplaire.

***

Le dernier étage de l'hôtel *Al Saader* avait été aménagé en appartements privés pour les hauts fonctionnaires de la CIA, qui ne sortaient du building que pour se rendre dans la « zone verte ». Bruce Chaplin, qui y habitait, avait convié Malko à dîner, en compagnie de deux de ses adjoints qui avaient envie de le connaître. Malko, ayant effectué la veille l'aller-retour à Fallouja, s'était couché à huit heures, épuisé par la tension nerveuse. La journée avait passé avec une lenteur exaspérante. Il restait cinq jours avant le début du ramadan. Avec le décalage horaire, Malko n'escomptait pas une réponse de Frank Capistrano avant le lendemain matin.

Pourtant, Bruce Chaplin était plutôt optimiste.

Après s'être versé une nouvelle rasade de Defender « 5 ans d'âge », apparemment son poison favori, il demanda :

– Sur une échelle de 1 à 10, à combien estimez-vous les chances de réponse positive de ce foutu imam ?

– Six, fit Malko.

On frappa à la porte et un secrétaire apporta une enveloppe à Bruce Chaplin. Celui-ci chaussa ses lunettes et regarda l'intitulé, avant de la tendre à Malko.

– C'est un message qui vient d'arriver sur la ligne sécurisée, à votre intention.

La tension était brutalement montée. Une seule personne pouvait communiquer avec Malko : Frank Capistrano. Il ouvrit l'enveloppe, retenant son souffle. Il n'y avait qu'une ligne : « Le Président refuse la participation de l'imam Al-Janabi à la conférence sur l'Irak du 22 novembre. »

Malko replia la feuille de papier. La condamnation à mort des deux otages italiennes.

CHAPITRE XVIII

Bruce Chaplin venait de lire à son tour le message de Frank Capistrano. Il échangea un long regard avec Malko. Tous deux savaient que c'était la fin de l'espoir pour les deux otages italiennes. Il restait cinq jours avant le début du ramadan et Malko avait épuisé toutes ses cartouches. Les islamistes ne faibliraient pas. Il ne se passait pas de semaine sans que l'on retrouve le corps d'un otage assassiné, le dernier étant un innocent routard japonais de 24 ans. Il n'y avait aucune pitié à attendre de ce groupe. Malko se tourna vers le responsable de la CIA.

– Je suppose que ce n'est même pas la peine de chercher à faire changer d'avis le Président.

Bruce Chaplin secoua la tête avec tristesse.

– Non, je n'ai pas voulu vous décourager, mais ce serait un casus belli avec le Premier ministre irakien, Iyad Allaoui, qui refuse définitivement la présence de terroristes à cette conférence.

La boucle était bouclée. Malko n'avait plus faim. Il avait échoué, pris dans un carcan politique qui interdisait toute entorse à un protocole rigide où la vie humaine avait peu de poids. Ils terminèrent de dîner en silence. Tous pensaient à la même chose. Il fallait annoncer la nouvelle aux Italiens pour que le gouvernement Berlusconi se prépare au choc.

Il y survivrait, tout comme Tony Blair et George W. Bush à l'assassinat de leurs otages respectifs. Seuls, à ce jour, les Philippins avaient accepté de retirer leurs troupes d'Irak pour sauver un de leurs ressortissants. Mais c'était un petit pays avec un contingent minuscule. Comme après un enterrement, les dîneurs se séparèrent facilement. Malko avait renvoyé Ahmed et c'est dans un Cherokee blindé avec quatre Gurkhas qu'il repartit dans sa villa.

Abed dormait déjà et il se sentit étrangement seul. Il alla prendre une bouteille de vodka dans le freezer et se servit. Après trois verres d'alcool glacé, son angoisse avait un peu fondu, mais son cerveau continuait à fonctionner... Il se força à monter se coucher, mais, allongé, ne put trouver le sommeil. Passant et repassant toutes les données du problème, pour tenter de trouver une faille.

En vain. Il avait en face de lui deux volontés politiques aussi inhumaines et déterminées l'une que l'autre. Le monde ne cesserait pas de tourner, si les deux otages italiennes étaient assassinées. Sauf pour elles... Il finit par basculer dans un sommeil lourd, étreint par un mélange de rage et de désespoir.

***

C'est la sonnerie persistante de son portable qui réveilla Malko. Il répondit à tâtons et la voix chaleureuse de Souab lui enfonça une flèche en plein cœur.

– Je venais aux nouvelles ! dit-elle. L'ambassadeur est de plus en plus inquiet.

C'était le moment de dire la vérité. Malko n'en eut pas le courage.

– J'attends, dit-il.

– Il reste peu de temps, remarqua Souab. Quatre jours. Vous allez passer à l'ambassade aujourd'hui ?

– Oui. Je mettrai l'ambassadeur au courant des derniers développements.

La Libanaise raccrocha, laissant Malko avec un goût de cendres dans la bouche. Il venait de gagner quelques heures. Encore une minute, monsieur le bourreau… Il n'avait même plus envie de se lever, de prendre sa douche. À quoi bon ? C'est à lui qu'incombait le devoir de prévenir Lorenzo Modino, l'ambassadeur d'Italie. Le plus dur était le compte à rebours qui s'égrenait dans sa tête, sous-titré, si l'on peut dire, par l'horrible vidéo envoyée par les ravisseurs.

Sa Breitling indiquait huit heures trente-cinq. Il demeura immobile, fixant le plafond un long moment, jusqu'à ce qu'Abed frappe à la porte et annonce qu'Ahmed était arrivé. Il se leva et aperçut un papier plié tombé de sa poche. Il le déplia. C'était le mot écrit par l'imam Al-Janabi. Un numéro de téléphone et une adresse, le tout en arabe.

Il fixa longuement le papier et brutalement eut une illumination. En quelques secondes, un plan se dessina dans sa tête. Dangereux, difficilement réalisable, limite, mais c'était ça ou la résignation impuissante. Laquelle n'était pas dans son caractère. Son avantage était de ne pas penser selon les schémas établis.

Parfois, cela fonctionnait.

Cette fois, il se jeta sous la douche avec enthousiasme et, à peine en bas, ne prit pas le temps de boire le thé préparé par Abed. Tendant le papier de l'émir à Ahmed, il demanda au chauffeur :

– Vous voyez où cela se trouve ?

– Oui. C'est à Yarmouk, près de Ordon Square. Il y a le numéro de la rue.

– Très bien, allons voir à quoi cela ressemble, ordonna Malko.

*
* *

Malko patientait depuis vingt minutes dans le bureau de Bruce Chaplin. Lorsqu'il était arrivé au siège de la CIA, l'Américain avait déjà commencé son *daily briefing*, où il passait en revue avec ses collaborateurs tous les problèmes de la journée. Il surgit enfin, un gros dossier sous le bras, et adressa un sourire contrit à Malko.

– J'ai envoyé un message à Langley, après votre départ hier. On démonte. Je pense que vous pouvez quitter Bagdad aujourd'hui même, il y a un vol pour Amman à quatre heures dix. Nous avons un contingent de places sur ce vol. J'avertirai moi-même l'ambassadeur d'Italie de l'échec de notre mission. Vous n'avez pas à rougir : depuis votre arrivée, vous avez tenté l'impossible pour sauver ces deux femmes. Hélas…

Il laissa sa phrase en suspens.

– Je ne me sauverai pas comme un voleur, rétorqua froidement Malko. Mais ce n'est pas le motif de ma visite. J'ai eu l'idée ce matin d'une ulime manip'.

L'Américain posa ses dossiers et le regarda, visiblement surpris.

– De quoi s'agit-il ?

Malko esquissa un sourire ironique.

– De quelque chose qui va vous déplaire.

– Ah bon, pourquoi ?

– Ce n'est pas politiquement correct, le gouvernement irakien risque d'être furieux, et je ne suis pas certain que vous obteniez le feu vert de Langley.

– Évidemment, cela fait beaucoup, reconnut Bruce Chaplin. Mais dites quand même.

– L'émir Al-Janabi a mis toute sa famille à l'abri, à Bagdad, expliqua Malko. Il m'a communiqué l'adresse où elle se trouve, une villa de Yarmouk. C'est là que je dois rencontrer son propre frère pour recevoir la réponse à notre offre. Ce matin, avec Ahmed, j'ai repéré les lieux. Il y a deux gardes armés devant le portail, mais ils ne semblent pas très inquiets.

– Quelle est votre idée ?

– Elle est très simple, répliqua Malko : kidnapper toute la famille de l'émir et l'échanger contre les deux otages italiennes. C'est l'ultime chance de les sauver.

Le chef de la CIA demeura muet, sonné. Enfin, il secoua la tête, accablé.

– Malko ! Vous vous rendez compte de ce que vous proposez ? C'est totalement *unlawful*[1]. Je suis ici pour faire régner l'ordre, pas pour me livrer à des actions de ce genre.

Malko sentit la moutarde lui monter au nez.

– Comment pouvez-vous parler de légalité dans un pays livré à une anarchie totale ? Il s'agit de sauver deux vies humaines. De les arracher à des gens qui s'apprêtent à les assassiner froidement. Vous pourrez vivre avec l'idée que vous auriez – peut-être – pu les sauver ?

L'Américain s'ébroua.

– *My God !* Je donnerais mon bras droit pour le faire ! Mais votre idée me semble irréalisable.

– Je ne pense pas, argumenta Malko. Je vais être convoqué dans cette villa. Ils ne se méfient pas de moi. Techniquement, avec peu de moyens, ce n'est pas impossible, si je dispose de quelques hommes, de repartir avec tous ceux qui seront là. Sans effusion de sang.

– Et où allez-vous les mettre ?

– Dans la villa que j'occupe. Ce n'est pas pour longtemps. Quatre jours au maximum.

– Et comment comptez-vous procéder ?

– J'avertis l'émir que je lui échange sa famille contre les deux otages. Que s'il refuse, il ne les reverra pas.

1. Illégal.

– Vous allez les assassiner ? fit, horrifié, Bruce Chaplin.

– Je ne suis pas un assassin, protesta Malko, mais ils ne le savent pas. Étant donné la mentalité de ces gens, habitués au chantage et à la violence, je pense qu'ils me croiront. Sinon, je relâcherai mes otages le premier jour du ramadan, mais nous aurons vraiment *tout* tenté.

L'Américain se balançait sur son fauteuil, muet de stupéfaction.

– Il est impossible d'utiliser des gens des Forces spéciales pour ce genre de chose dit-il, après un long silence. Le CentCom refusera.

– Ce ne sont pas les mercenaires qui manquent à Bagdad, répliqua Malko. Il doit y en avoir quelques milliers. Vous en gérez quelques-uns pour les tâches de sécurité. Eux n'auront pas d'état d'âme. C'est une question d'argent. Seulement, il faut nous décider très vite.

Bruce Chaplin respira profondément, lissa ses cheveux et alluma une cigarette avec son Zippo CIA.

– *My God!* murmura-t-il. C'est un truc complètement fou.

Cependant, Malko se rendit compte qu'il ne rejetait plus son offre avec virulence. Sa méditation dura pas mal de temps, puis il releva la tête.

– O.K., je vais soumettre l'idée à Langley. S'ils me donnent le feu vert sur le principe, nous essaierons de régler les détails opérationnels.

– Langley ne décidera pas tout seul, objecta Malko. M'autorisez-vous à faire appel à mon ami de la Maison Blanche, Frank Capistrano ? Il doit être ennuyé d'avoir refusé ma proposition politique

– *No problem.* Seulement, il est deux heures du matin à Washington. Nous n'aurons rien avant ce soir.

– Pas question de perdre autant de temps. Je vais appeler maintenant, sur votre ligne sécurisée.

Stupéfait, l'Américain eut un haut-le-corps.

– Vous allez appeler le *Special Advisor* à deux heures du matin ! Il dort sûrement.

Malko eut un sourire suave.

– Le 6 juin 1944, les Allemands ont probablement raté la possibilité de repousser le débarquement parce que personne n'a osé réveiller Hitler pour qu'il autorise les divisions blindées de von Rundstedt à foncer sur la Normandie. Parfois, il faut savoir déranger le sommeil des gens…

Vaincu, Bruce Chaplin l'accompagna dans la pièce où se trouvait la ligne sécurisée. Malko composa le numéro personnel de Frank Capistrano et attendit. Dans le silence du bureau, on entendait parfaitement les sonneries. On décrocha à la quatrième.

– *God damn it ! Who's calling*[1] *?* lança la voix rocailleuse, furieuse et ensommeillée de Frank Capistrano.

– Frank, c'est *encore* moi, dit Malko. J'ai eu votre message hier, et j'ai une nouvelle proposition.

Frank Capistrano poussa un soupir et lança :

– O.K. Je vous écoute.

***

Médusé, Bruce Chaplin écoutait le résumé de la conversation entre Malko et le *Special Advisor* de la Maison Blanche. Frank Capistrano avait promis d'intervenir auprès du Président dès le briefing de huit heures du matin. Heureusement, George W. Bush se mettait tôt au travail.

Le responsable de la CIA semblait avoir reçu une piqûre de trinitrine.

– O.K., fit-il, je vais faire comme si… Combien voulez-vous d'hommes ?

1. Bon Dieu ! Qui appelle ?

Malko réfléchit.

– Trois, s'ils sont bons.

– J'appelle tout de suite quelqu'un à Global Security. Je lui demande trois volontaires pour une mission spéciale. Je m'occupe du financement.

– Prévoyez deux véhicules, prévint Malko.

L'Américain parut soudain frappé par la foudre.

– Comment allez-vous transmettre votre offre ? On ne peut pas se servir du téléphone.

– Par l'intermédiaire de l'imam Mehdi Al-Soumeidai.

– O.K., je vous rappelle dans les heures qui viennent.

*
* *

Toute la journée, Malko avait attendu deux coups de fil : celui de Bruce Chaplin et, surtout, celui de l'émir Abdallah Al-Janabi lui annonçant le feu vert de la *choura*. Cependant, même s'il n'avait pas de nouvelles, il était décidé à agir. Ce serait simplement plus délicat, car il faudrait prendre la villa d'assaut. Son portable sonna enfin. Ce n'était que Bruce Chaplin. Triomphant.

– J'ai *deux* bonnes nouvelles, annonça-t-il. Votre intervention a été efficace. Je viens à l'instant de recevoir le feu vert de l'Agence, à condition qu'aucun membre de nos forces armées ne soit impliqué. Et j'ai trouvé les gens qu'il nous faut.

– Comment vais-je les contacter ?

– Vous avez rendez-vous à sept heures, tout à l'heure, au bar du *Sheraton*, avec un certain Peter Bergman. Il est sous contrat avec Global Security qui nous le prête. Il a deux copains avec lui, avec qui il a l'habitude de travailler. Ils viennent tous les trois de sécuriser une station de pompage dans le Nord et sont en repos. Demandez-le au barman et dites-lui que vous venez de la part de Max. Et tenez-moi au courant.

***

Le Gurkha, au dix-neuvième étage du *Sheraton*, était toujours planté devant l'ascenseur, son M-16 braqué sur la cabine. Malko lui sourit et se dirigea vers le bar. Celui-ci était plongé dans la pénombre et plein à craquer. Uniquement des hommes, dans des tenues guerrières, souvent avec leurs armes. On s'entendait à peine. Malko se glissa jusqu'au bar où un Irakien à la moustache tombante officiait.

– Je cherche Peter Bergman.

L'Irakien pointa son index sur un énorme type affublé d'une abondante barbe noire, à deux mètres de là. Une chemise kaki avec un gilet plein de poches, un énorme pistolet à la ceinture et un short à mi-mollets. Il était en train de boire une bière à même la boîte. Malko s'approcha.

– Peter Bergman ?

L'autre se tourna vers lui, le détaillant de ses petits yeux méchants, ronds et noirs comme des canons de fusil. Il avait un gros nez bourgeonnant, de la couperose, et le front bas.

– *Yeah*. On se connaît ?

– Je viens de la part de Max, fit Malko.

Le visage du mercenaire s'éclaira aussitôt.

– *Welcome ! Welcome ! I was expecting you. Have a drink.*

Il termina sa bière, broya la boîte dans sa main puissante et héla le barman.

– *Mus ! New round*[1].

Le barman apporta deux Carlsberg. Visiblement,

1. Mustapha. Une autre tournée.

Peter Bergman ne pouvait pas imaginer qu'on boive autre chose que de la bière.

– Il y a longtemps que vous êtes en Irak ? demanda Malko.

– Huit mois. C'est un foutu bon boulot. J'ai pris ma retraite de shérif il y a un an. Ici, on se fait de la thune et ces putains de *sand-niggers*[1] sont pas pires que nos nègres… Alors, il paraît que vous avez un job super ?

– C'est possible, mais j'ai besoin de *trois* hommes.

– *Cool !* lança le mercenaire.

Il se tourna et appela :

– Stirling !

Un type immense et filiforme, portant bizarrement des lunettes noires, se laissa glisser d'un tabouret voisin et s'approcha en se dandinant.

– Stirling, annonça Peter Bergman, je te présente Max. Il a un *très* bon job pour nous. (Tourné vers Malko, il ajouta :) Stirling Powell est texan, d'un petit bled du nord-est, il était *Green Beret*.

L'ancien Béret vert ôta ses lunettes noires, découvrant des yeux bleus et froids. Il avait la bouche très mince et les joues creuses, la poignée de main rugueuse. Malko remarqua le manche d'un poignard qui sortait de sa botte. Lui semblait dangereux. Peter Bergman saisit en riant un magazine plié qui dépassait de sa poche revolver et le déplia. C'était *Hustler*, d'une obscénité flamboyante.

– Stirling aime le cul, mais ici, il est un peu frustré ! plaisanta Peter Bergman.

Le Texan récupéra son magazine et le remit dans sa poche. Il dépassait Malko d'une bonne tête.

– O.K., dit-il. De quoi il s'agit ?

– Où est le troisième ? demanda Malko, qui n'avait pas envie de perdre de temps.

1. Nègres de sable.

– Vous n'avez rien contre les Brits ? demanda Peter Bergman.

– Non.

– Venez.

Il l'amena à une table, près de la baie vitrée, occupée par un seul homme, attablé devant une bouteille de Defender bien entamée. Le haut du crâne dégarni, il portait une queue-de-cheval de cheveux gris, son visage était boursouflé par l'alcool, avec un nez énorme et turgescent, une moustache tombante et une barbe grisâtre. À côté de la bouteille de Defender, il avait posé un PM MP5. Plusieurs grenades étaient enfoncées dans les poches de son gilet pare-balles. Il leva un regard torve sur Malko.

– Tony ! Voilà Max qui a un job pour nous.

Tony se leva et Malko découvrit son bide énorme de buveur de bière. Un Webley était glissé dans sa ceinture.

– Tony Cavendish était un des meilleurs éléments d'Executive Outcome [1], expliqua Peter Bergman, avant que les nègres ne le virent de son pays. On vit tous les trois à Mansour, dans une chouette petite maison, précisa le mercenaire. Il ne manque que des gonzesses. Tony est un craintif, il trimballe toujours son artillerie avec lui.

Tony Cavendish lui jeta un regard noir.

– Pauvre con, depuis quatorze ans, je passe entre les balles ! Bon, on va bouffer quelque chose et on parle boulot ?

– Bonne idée, approuva Peter Bergman. On va bouffer une pizza à la pizzéria *Napoli*. On vous emmène.

Malko suivit. Dans le parking du *Sheraton*, ils retrouvèrent un 4 × 4 Chevrolet Cherokee et Tony

1. Célèbre organisation de mercenaires sud-africains.

Cavendish prit le volant. Ils descendirent Saadoun Street, tournant autour de Al-Tahrir Square pour prendre le Jumhuriya Bridge franchissant le Tigre, puis longèrent la « zone verte ». Le Britannique arrêta le 4 × 4 en face d'une pizzéria minuscule et vide. Il était déjà tard. Le patron – un grand Irakien costaud – les accueillit à bras ouverts et les installa à l'unique table du fond.

– C'est les meilleures pizzas de Bagdad ! affirma Tony Cavendish. Alors, quel est le projet ?

Devant des cocas – il n'y avait pas d'alcool –, Malko leur expliqua ce qu'il attendait d'eux. Ils l'écoutèrent en silence, se consultèrent du regard et Peter Bergman laissa tomber.

– Pour moi, c'est O.K. Cinq grands [1] par jour, plus les frais. Pour chacun.

Ce n'était pas cher, comparé au prix d'une rançon. On leur apporta des pizzas et Tony Cavendish alla chercher dans le 4 × 4 une bouteille de Defender Very Classic Pale pour mélanger au coca. Malko observait ses nouveaux alliés. Des épaves, des déclassés, venus glaner un peu d'argent en Irak, au risque de leur vie. Des desperados, sauf peut-être Tony Cavendish, un professionnel. Un peu ridicule, mais sûrement le meilleur combattant des trois.

– Comment vais-je vous joindre ? demanda Malko.

Peter Bergman lui tendit une carte avec un numéro de portable.

– On est opérationnels en une heure. En ce moment, on ne bosse pas.

Ils terminèrent leur pizza. Malko hésitait à leur montrer l'objectif. Il y renonça : cela risquait d'éveiller l'attention des parents du cheikh Al-Janabi.

Ils le raccompagnèrent jusqu'au *Sheraton*. Une fois

1. 5 000 dollars.

de plus, il reprenait espoir. Cette fois, il était le maître du jeu. Cela lui donna envie de se détendre et il appela Souab.

– Malko ! Où étiez-vous ? Je m'étais faite *très* belle pour vous.

– J'avais des choses très importantes à régler, dit Malko.

– Elles sont réglées ?

– Oui.

– Alors, pourquoi ne venez-vous pas au *Rimal* ?

– Pour ne pas vous compromettre.

La Libanaise eut un rire léger.

– Je m'en moque !

– Dans ce cas, j'arrive.

***

La réceptionniste du *Rimal* jeta à Malko un regard intrigué et réprobateur.

– Vous êtes attendu ?

– Oui.

Elle l'avait intercepté avant l'ascenseur. On ne plaisantait pas avec la sécurité. Il appuya sur le bouton du troisième. En sortant de la cabine, il aperçut une porte entrouverte, Souab se tenait dans l'entrebâillement. Uniquement vêtue d'une guêpière de satin rose, enrichie de dentelles noires, à laquelle étaient accrochés de longs bas noirs. Détail touchant : son visage était en partie dissimulé par un masque de cuir, comme les femmes émiraties…

Contraste saisissant.

À peine Malko fut-il dans la chambre qu'elle se frotta doucement contre lui, se laissant ensuite glisser à genoux pour lui administrer une fellation inoubliable. Malko revivait. C'est lui qui interrompit la prestation de Souab pour la jeter sur le lit. D'elle-même, elle s'y agenouilla et il entra dans son ventre avec violence. Après toutes les tensions, c'était si bon… Souab apprécia. En criant si fort que Malko se dit que tout l'hôtel allait être au courant de leur idylle…

Il explosa et demeura allongé sur la Libanaise, fiché au fond de son ventre. Souab pouffa.

– Dans la chambre voisine, il y a le type du *Corriere de la Sera*. Un bonnet de nuit. Il doit être en train de prier pour mon âme.

Elle n'ôta pas sa guêpière pour s'allonger près de lui. Et pour la première fois depuis plusieurs jours, Malko, sans même s'en rendre compte, s'endormit d'un coup. Ce n'était pas seulement la satisfaction sexuelle. Le lendemain matin, il resterait trois jours pour sauver les deux Italiennes. Mais, désormais, il savait que ce n'était plus impossible. Il fut réveillé à l'aube par une sensation délicieuse. La bouche de Souab entourait son sexe et sa langue dansait, endiablée, autour de lui. Il prit la jeune Libanaise agenouillée, la croupe haute, lui arrachant de nouveaux hurlements.

L'angoisse revint dès qu'il sauta du lit. Il entrait dans la zone rouge. Si le frère de l'imam Janabi ne donnait pas signe de vie, il irait au contact et déclencherait *son* opération. Il se donna jusqu'à onze heures et, pendant qu'il prenait son *breakfast* avec Souab, appela Ahmed pour qu'il vienne le récupérer au *Rimal*.

Une demi-heure plus tard, il arrivait devant la maison de la rue n° 38. Il s'immobilisa sur le seuil, surpris. La porte était entrouverte. Il appela Ahmed et les deux hommes pénétrèrent dans la maison, pistolet au poing. Il appela :

– Abed !

Pas de réponse. Il alla jusqu'à la cuisine et s'arrêta net. Abed gisait sur le carrelage, la gorge ouverte d'une oreille à l'autre.

***

Malko s'était renseigné au check-point. Vers onze heures du soir, des hommes portant la tenue bleue des policiers irakiens étaient venus à la villa et Abed leur avait ouvert. Ils n'étaient repartis que deux heures plus tard… Probablement attendaient-ils Malko. Sans l'invitation de Souab, il aurait été tué ou kidnappé.

Il avait du mal à croire que ce soit la réponse d'Abdallah Al-Janabi. Par contre, ceux qui avaient égorgé Moumir l'avaient sûrement fait parler. De toute façon, le délai qu'il s'était imposé était expiré.

Il appela le portable de Peter Bergman, qui répondit instantanément.

– Rendez-vous dans le *lobby* du *Sheraton* dans une heure, dit simplement Malko.

CHAPITRE XIX

Un GI casqué, de garde à l'entrée du check-point de l'hôtel *Palestine*, côté Abu-Nawas, flirtait vec une séduisante Irakienne. À côté, trois Humwee se préparaient à repartir pour la fin de leur patrouille, leurs équipages se détendant au soleil. Le Cherokee des trois mercenaires était garé à côté, un fourgon blanc arrêté derrière. Peter Bergman quitta le mur de béton auquel il était appuyé pour venir à la rencontre de Malko.

– Nous sommes prêts, fit-il simplement. On attend les ordres.

Tony Cavendish et Stirling Powell les rejoignirent. Tous étaient équipés de gilets pare-balles de l'armée US et bardés de cartouchières en toile. Plus le pistolet, les grenades, le poignard dans la botte et, bien entendu, les M-16.

– Vous allez nous suivre jusqu'à Yarmouk, expliqua Malko. Nous pénétrerons tous dans la villa. En principe, cela ne devrait pas poser de problème. Je demanderai d'abord à voir l'oncle de l'émir Al-Janabi. J'entrerai seul dans la maison. Vous restez dans me jardin et vous neutralisez les gardes. Quand ce sera fait, vous me rejoindrez, à l'intérieur.

– Et ensuite ? demanda Tony Cavendish avec son accent cokney.

– On emmène tout le monde, précisa Malko.

Jusqu'à la maison que j'occupe. Dans un premier temps, votre travail consistera à sécuriser les prisonniers.

– *No sweat !* affirma Peter Bergman. *We're rolling* [1] *!*

Malko monta avec Ahmed dans la Chevrolet. Bruce Chaplin était prévenu que l'opération commençait. Discrètement, deux véhicules blindés de l'US Army avaient été postés près de l'ambassade des Pays-Bas. Officiellement pour renforcer sa protection…

La gorge nouée, Malko regardait distraitement le paysage, les maisons élégantes de cette banlieue chic. La Chevrolet et le fourgon conduit par Tony Cavendish suivaient, collés à lui. Vingt minutes plus tard, les trois véhicules stoppaient devant le portail bleu de la villa de l'oncle de Al-Janabi. Aucun signe de vie. Les deux gardes aperçus par Malko avaient disparu.

Ahmed sonna. Pas de réponse. Il se mit alors à tambouriner sur le battant. Jusqu'à ce que celui-ci s'écarte sur un moustachu. Un garde armé d'une Kalach. Les « affreux » étaient restés dans leurs véhicules. Ahmed expliqua le but de la visite de Malko. L'homme grommela qu'il allait parler à l'oncle de l'émir et referma. Malko respira : la famille ne s'était pas envolée ! Le garde fut de retour dix minutes plus tard et ouvrit le portail. Malko avait été rejoint par Tony Cavendish et Peter Bergman. Un second garde se trouvait dans le jardin. Il tiqua un peu devant les mercenaires lourdement armés, mais Ahmed expliqua aussitôt qu'ils resteraient dans le jardin. À Bagdad, ce n'était pas anormal de se promener avec une escorte. On fit pénétrer Malko et Ahmed dans un salon rectangulaire, avec des sièges alignés le long des murs, à la mode arabe.

– L'oncle arrive, annonça Ahmed.

Le garde s'était éclipsé. Cinq minutes plus tard, un

1. Pas de problème. On y va.

homme âgé grassouillet, en dichdacha, avec un calot blanc, le nez important, le bouc bien taillé, pénétra dans la pièce. Il salua poliment Malko. Celui-ci, par l'intermédiaire d'Ahmed, expliqua qu'il attendait une réponse de son neveu qui tardait à venir.

– Il va aujourd'hui à Fallouja, traduisit Ahmed. Il lui en parlera.

Un garde armé d'une Kalach posée en travers de ses genoux assistait à l'entretien. Soudain, la porte donnant sur le hall d'entrée s'ouvrit sur Peter Bergman et Stirling Powell. Le garde bondit sur son arme. Il n'eut pas le temps de réagir. Calmement, Stirling Powell, avec un pistolet automatique prolongé d'un long silencieux, lui tira une balle en plein front.

L'oncle de l'imam Al-Janabi se transforma en statue de sel, sous la menace de l'arme du mercenaire texan. Malko jura intérieurement : il n'avait pas été prévu de tuer qui que ce soit.

– Expliquez-lui ce que nous voulons, lança-t-il à Ahmed.

Le chauffeur expliqua au vieil homme qu'il allait emmener tous les habitants de la maison, mais qu'il ne leur serait fait aucun mal. Visiblement, l'oncle de l'émir Al-Janabi avait du mal à réaliser que de kidnappeur, il devenait kidnappé. Malko se tourna vers Stirling Powell.

– Faites entrer le fourgon dans le jardin. Nous devons être partis dans cinq minutes. Ahmed, nous allons rassembler ici tous les occupants de la villa.

***

Tout s'était passé sans le moindre problème. Toute la famille Al-Janabi était désormais rassemblée dans le salon : l'oncle, le frère de l'émir Abdallah, sa fille, une ravissante jeune fille, la tête couverte d'un *hijab*, deux cousins et deux autres femmes, ahuries. Tous semblèrent dépassés.

Ahmed leur expliqua qu'ils devaient quitter la pièce et monter dans le fourgon. Celui-ci était garé devant la maison. En ressortant, Malko aperçut immédiatement les corps des deux gardes. Celui qui leur avait ouvert avait une balle dans la jambe et une dans la tête. Furieux, il se tourna vers Stirling Powell.

– C'est vous qui les avez tués ?

Le Texan lui jeta un regard plein d'incompréhension.

– J'ai obéi aux ordres, *sir*. Vous aviez dit de les neutraliser…

Ce n'était pas le moment de discuter sémantique. Les prisonniers montèrent sans résister dans le fourgon blanc et s'assirent à même le plancher. Au moment où ils allaient partir, Malko entendit des cris venant de la maison : Peter Bergman surgit, traînant un garçon d'une dizaine d'années qui hurlait.

– Le petit salopard s'était caché, expliqua-t-il. Il a essayé de me donner un coup de couteau.

Il jeta l'enfant dans le fourgon. Malko avait un peu honte. On ne se débarrasse pas facilement de son éthique…

Trois minutes plus tard, ils roulaient en direction de l'autre rive du Tigre. Malko appela Bruce Chaplin pour lui dire que tout s'était bien passé. Passant sous silence les trois gardes « neutralisés ».

À l'arrivée, les prisonniers furent emmenés dans le sous-sol de la villa où on les enferma, avec des bouteilles d'eau. Puis, les deux mercenaires américains prirent position au rez-de-chaussée, toute leur artillerie déployée. Afin d'éviter toute surprise, Tony Cavendish se posta dehors, dans le Cherokee, juste après le check-point, seule voie d'accès. Ainsi, ils ne risquaient rien. Il restait la partie la plus dificile de l'opération : la négociaion.

*
* *

– Avant de bouger, conseilla Bruce Chaplin, il faut bien réfléchir. Supposons que, fou de rage, l'émir Al-Janabi fasse exécuter les deux Italiennes ? On aura bonne mine avec nos otages. On ne va quand même pas les liquider…

– Bien sûr que non ! protesta Malko. Mais je pense que le choc de ce kidnapping sera suffisant pour le faire réfléchir.

– Pas sûr…

– Les gardes sont morts. Cela va crédibiliser l'opération…

– Les gardes ne comptent pas, rétorqua l'Américain, ils ne font pas partie de la famille. Ce sont juste des « martyrs ». Espérons que ce salopard d'Abdallah Al-Janabi croira à votre bluff. Sinon, nous sommes mal.

– Je prends contact avec lui, annonça Malko.

*
* *

Stirling Powell, allongé dans un des fauteuils de dentiste, son M-16 à portée de la main, lisait un magazine X. Peter Bergman s'amusait avec le vieux Gramophone à aiguille réparé par Abed, et écoutait de vieux disques vinyles. En arrivant, Malko était passé devant Tony Cavendish, installé dans le 4 × 4, son M-16 enrichi d'un lance-grenades M-79 posé à côté de lui, en train de dévorer *Da Vinci Code*. Comme l'autre extrémité de la rue était barrée par un check-point de la police irakienne, l'accès à la villa était totalement protégé.

Peter Bergman interrompit son jeu et lança :

– Tout est O.K. Ils sont bien sages. Vous me direz s'il faut les nourrir.

Malko se tourna vers Ahmed.

– Allez en chercher un. Ni l'oncle ni le frère.

Le chauffeur fila à la cave et revint avec un des deux cousins, abasourdi et terrifié.

– Il s'appelle Mourad, dit Ahmed.

Malko se tourna vers Ahmed.

– Expliquez-lui que vous allez le conduire à la mosquée Ibn Taimiya. Là, qu'il demande à voir l'imam Mehdi Al-Soumeidai et qu'il lui explique ce qui se passe.

Ahmed traduisit les instructions de Malko. Comprenant qu'il allait être relâché, Mourad semblait reprendre du poil de la bête. Malko déploya une carte de Bagdad et montra à Peter Bergman où se trouvait la mosquée.

– Allez-y avec Stirling, dit-il. Je reste ici avec Ahmed et Peter.

En plein jour, protégés par le check-point, le risque d'une attaque était limité. Cinq minutes plus tard, Mourad disparaissait, encadré par les deux mercenaires. Malko se dit qu'il attendrait l'après-midi pour rendre visite à Mehdi Al-Soumeidai. Ce qui coïnciderait avec la fin de la prière. Il n'y avait plus qu'à espérer que son bluff fonctionne.

***

– *Shit !* jura Peter Bergman.

Il s'était trompé. Il devait reculer un peu pour sortir de l'expressway. Il freina brutalement et, machinalement, regarda vers l'arrière. Il n'en crut pas ses yeux : leur prisonnier, Mourad, profitant de l'arrêt du 4 × 4, était en train d'ouvrir une des portes arrière !

Avant que les deux Américains puissent réagir, il sauta à terre et détala sur le bas côté de l'expressway !

Stirling Powell n'hésita pas une seconde. Sautant à terre à son tour, il épaula son M-16 et lâcha une courte rafale. Atteint dans le dos, Mourad boula comme un lièvre et resta couché sur le sol. Déjà, Peter Bergman reculait le plus vite possible, pour s'arrêter à côté du corps. À deux, les mercenaires hissèrent le cadavre à l'intérieur du 4 × 4 et repartirent aussi sec. Personne ne semblait avoir remarqué la scène...

Embarrassés, les deux hommes se regardèrent.

– *Shit !* Ça va être difficile de livrer ce *motherfucker*, laissa tomber le Texan.

– J'ai une idée, répondit Peter Bergman. On passe à la maison. Il doit bien y avoir des outils quelque part, et un sac, aussi.

***

Malko regarda sa Breitling, inquiet. Les deux mercenaires s'éternisaient. Enfin, on frappa à la porte. Il ouvrit et Peter Bergman entra. Il sembla tout de suite bizarre à Malko.

– Ça s'est bien passé ? demanda celui-ci.

– Pas vraiment, reconnut le mercenaire. Ce fils de pute a essayé de se tirer.

– Et alors ?

– On l'a séché.

Les problèmes commençaient.

– Où est-il ?

– On l'a livré, comme vous aviez dit, à la mosquée, celle qui a les minarets comme des fusées.

Au moins, ils ne s'étaient pas trompés de mosquée. Atterré, Malko demanda :

– À qui avez-vous remis le... corps ?

– Il y avait comme un *trailer*[1] près de la grille. On l'a posé là et on s'est tiré.

C'était le poste de garde de la mosquée. Malko en avait le tournis. Les vrais dérapages commençaient.

– Bien, dit-il, nous allons à la mosquée. J'emmène Tony. Vous restez ici, avec les prisonniers.

Malko, accompagné d'Ahmed qui n'en menait pas large, gagna le 4×4 où, tout de suite, l'odeur fade du sang frappa ses narines. Écœuré, il s'installa à côté de Tony Cavendish. Voyant sa mauvaise humeur, le Britannique tenta de le rassurer.

– Faut pas vous tracasser, plaida-t-il. Bien sûr, ce n'étaient pas les ordres, mais ils ne pouvaient pas faire autrement. Au moins, comme ça, les gusses avec qui vous traitez vont vous prendre au sérieux. *You mean business*.

Un ange passa et s'éloigna, volant du vol lourd du corbeau.

Malko se sentait tout doucement glisser dans l'horreur. Il réalisa qu'il avait mis le doigt dans un engrenage infernal. Hélas, il ne pouvait plus reculer, sous peine de condamner, cette fois définitivement, les deux otages italiennes à mort.

Et puis, il repensa à l'abominable vidéo des décapitations. Ils étaient dans un autre univers et traitaient avec des gens qui n'avaient aucun respect pour la vie humaine. C'était horrible : quatre personnes avaient déjà perdu la vie depuis le matin, à cause de son opération. Il se dit que c'était abominable, mais qu'il était plongé dans un conflit horrible, inhumain. Une guerre où on décapitait les gens comme on égorge un mouton. Il avait l'impression d'être sur un *roller-coaster*, sans possibilité de stopper. L'estomac noué, il se tut jusqu'à ce que la mosquée soit en vue.

1. Caravane.

Depuis la rampe menant à son portail, il remarqua tout de suite quelque chose d'inhabituel. La grille était fermée et plusieurs hommes armés de Kalach montaient la garde devant. Ils s'agitèrent en voyant le 4×4 venir dans leur direction. Tony Cavendish ralentit, mais cela ne suffit pas. Un des hommes épaula sa Kalach et lâcha une longue rafale vers eux. Le bruit sourd des projectiles ricochant sur le blindage fit sursauter Malko, comme ceux qui s'écrasèrent sur le pare-brise, également blindé, où ils laissèrent de minuscules étoiles.

– *Motherfuckers!* lâcha Tony Cavendish, reculant précipitamment.

En moins de temps qu'il n'en faut pour le dire, il fit coulisser le toit ouvrant et rabattit une plaque de blindage improvisée, coupée d'une fente dans laquelle il cala le canon de son M-16.

Les gardes armés se dispersèrent aussitôt, se dissimulant derrière les arbres.

Pas question de quitter le véhicule, sous peine de se faire abattre. Malko se tourna vers Ahmed, gris de peur, et lui tendit son portable.

– Appelez l'imam Mehdi Al-Soumeidai. Dites-lui que je veux lui parler.

L'Irakien s'exécuta. Le religieux répondit aussitôt. Malko suivit sans comprendre la conversation en arabe. Mehdi Al-Soumeidai semblait déchaîné. Ahmed se tourna vers Malko.

– Il veut que vous veniez le voir dans la mosquée.

– Hé, il va vous liquider! avertit Tony Cavendish.

– Dites-lui que je veux bien le rencontrer dans le parc, en face de la grille, précisa Malko.

Au moins, il serait sous la protection visuelle du mercenaire. La discussion dura encore un peu, puis Ahmed tendit le portable à Malko.

– Il est d'accord, il va sortir.

***

L'imam Al-Soumeidai apparut sur le péristyle de la mosquée, coiffé de son beau turban blanc, escorté de son interprète et d'un costaud traînant un sac de jute. Le trio descendit les marches et parcourut lentement les cent mètres les séparant de la grille. Arrivés à une dizaine de mètres de celle-ci, ils s'arrêtèrent.

– Couvrez-moi ! dit simplement Malko à Tony Cavendish.

Il ouvrit la portière et descendit. L'imam avait dû donner des ordres car personne ne tira sur lui. C'était quand même angoissant de se sentir face à ces fanatiques. Il poussa la grille et s'avança vers l'imam. Il s'arrêta à un mètre du religieux, raide comme un piquet. Si son regard avait pu tuer, Malko serait tombé raide mort. Sans s'adresser à Malko, il lança quelques mots et l'homme qui tenait le sac de jute défit la corde qui le tenait fermé.

Lorsque ce fut fait, l'imam fit signe à Malko d'approcher, l'homme tenant le sac ouvert. Un seul coup d'œil au contenu du sac faillit faire vomir Malko. Il aperçut une tête tranchée, à côté d'une jambe enfoncée verticalement dans le sac, plus d'autres débris humains innommables. Ce qui restait d'un cadavre coupé en morceaux.

Les « affreux » avaient fait fort.

Le cœur sur les lèvres, il recula, aussitôt apostrophé par l'interprète.

– Par le Dieu Tout-Puissant et Miséricordieux ! lança celui-ci d'une voix vibrante de haine, vous serez puni ! Vous êtes des sauvages. Cet homme était un bon musulman, innocent de tout crime. Que voulez-vous ?

Malko mit quelques instants à retrouver son calme. Se répétant que ce qu'il venait de voir n'était pas plus atroce que les décapitations d'otages occidentaux. Puisque l'horreur était accomplie, autant l'utiliser. À la dernière seconde, il décida de ne pas s'excuser.

– Ceci n'est pas dirigé contre vous, assura-t-il. C'est seulement un message pour l'émir Abdallah Al-Janabi. Dites-lui que si les deux otages italiennes ne sont pas libérées avant le début du ramadan, il ne reverra aucun membre de sa famille.

L'interprète traduisit et l'imam jeta haineusement :

– Même l'émir Al-Janabi ne peut modifier le jugement du tribunal islamique.

Malko resta de glace. Soudainement, il se sentait très calme. Les dés roulaient. Il était allé au-delà de tout ce qu'il avait jamais imaginé. Pour la bonne cause. Malgré lui, il utilisa une expression inattendue dans la bouche d'un aristocrate européen, pour répondre à l'imam.

– *Inch'Allah*, ce sera possible !

Sans un mot de plus, il fit demi-tour et s'éloigna d'un pas posé. En face de lui, le canon du M-16 menaçait l'imam et ceux qui l'entouraient. Il ne fut quand même tranquille qu'une fois à l'abri du blindage du Cherokee.

Tony Cavendish lui lança un regard froid, mais admiratif.

– *You have balls !*

Malko ne répondit pas. Il avait devant lui soixante-douze heures d'angoisse absolue.

CHAPITRE XX

Bruce Chaplin notait d'une écriture appliquée le récit de Malko, dans tous ses détails, sans omettre aucune des horreurs qui avaient entaché son action. Lorsqu'il eut terminé, il regarda pensivement ce qu'il venait d'écrire et soupira.

– Je suis heureux que cette opération ait été approuvée par la Maison Blanche… S'il y avait des fuites dans la presse, l'Agence ne s'en remettrait pas. Le kidnapping de toute une famille, accompagné de quatre meurtres, plus des mutilations infligées à un cadavre. Si un sénateur voit ça dans un rapport, il va avoir une attaque.

– Ce n'est pas moi qui ai choisi ces hommes, remarqua Malko.

– Moi non plus, rétorqua l'Américain. On me les a recommandés pour leurs qualités professionnelles, c'est tout. J'ai « criblé » depuis nos deux concitoyens, Stirling Powell et Peter Bergman.

– Peter Bergman m'a dit avoir été shérif…

– Exact. Révoqué pour avoir abattu un Noir dans le dos. Quant à Stirling Powell, il a un beau *track record* dans les *Green Berets,* mais aussi deux affaires de viol. Comme c'était sur des Noires et que cela se passait au Texas, il s'en est sorti.

– Et le Brit ? Tony Cavendish.

– Je n'ai que du ouï-dire. En Sierra Leone. Pas terrible. Il a la détente facile et n'aime pas les Noirs. À part ça, il envoie tout son fric en Grande-Bretagne pour payer le collège de ses deux filles.

Un ange passa, des grenades sous les ailes. C'était trop tard pour avoir des regrets et on ne fait pas la guerre avec des enfants de chœur. Bruce Chaplin résuma la situation d'une façon lapidaire :

– Si on récupère les deux Italiennes, on nous embrassera sur la bouche. Sinon…

– *Inch'Allah !* conclut Malko. Il n'y a plus qu'à attendre. On va savoir très vite, dans un sens ou dans l'autre.

– Ce soir, l'ambassadeur d'Italie m'a invité à dîner, annonça l'Américain. Vous êtes convié aussi. Il est fou d'inquiétude. Mais on ne lui dit rien. On va essayer de le rassurer avec des généralités. Lui dire qu'on a le contact.

C'était de l'humour noir.

– O.K., je vais à la villa voir si tout se passe bien, conclut Malko.

***

Stirling Powell lisait *Hustler*, installé sur le divan, et Peter Bergman faisait une réussite sur la table de la salle à manger. Quant à Tony Cavendish, il somnolait au volant du Cherokee, garé derrière le barrage. Peter Bergman leva un regard torve sur Malko.

– Hello. Vous avez pensé à nous ramener à bouffer ?

Il avait devant lui une bouteille de Defender « 5 ans d'âge » déjà bien entamée.

– Ahmed a tout ça dans la voiture, répondit Malko. Kebabs, du riz et des fruits. Plus des pizzas.

– *That's great !* ricana l'Américain. On est là jusqu'à quand ?

– Au pire, trois jours, précisa Malko. À 5 000 dollars par jour, ce n'est pas mal.

– Ce matin, c'était chaud, rétorqua le mercenaire. S'ils avaient pu nous découper en morceaux, ils n'auraient pas hésité.

Évidemment, il leur avait donné l'exemple… Malko se sentait vidé. Trop de tension nerveuse, trop d'angoisse. Et maintenant, ce tic-tac dans sa tête. Le seul point qu'il ignorait était la nature de la relation entre Al-Janabi et le chef du groupe qui détenait les Italiennes. Or, tout dépendait de cela. Il monta dans sa chambre prendre une douche et se détendre. Jusqu'au dîner, il n'avait rien à faire. Bruce Chaplin devait passer le prendre et le ramener.

***

C'était merveilleux de manger du jambon de Parme, des escalopes minces comme du papier, des pâtes fondantes. Et même du tiramisu. L'ambassadeur d'Italie avait mis les petits plats dans les grands.

Le *senior officer* de la CIA et Malko étaient arrivés à noyer le poisson sous le regard intrigué de Souab. Celle-ci, moulée dans une robe noire décolletée, était très « porno chic ». Avec des bas, en dépit de la chaleur. À plusieurs reprises, Malko avait senti son escarpin s'égarer du côté de sa jambe, sous la table. Il avait un mal fou à suivre la conversation, ses pensées le ramenant sans cesse à Fallouja.

Avec le tiramisu, on apporta une bouteille de Taittinger Comtes de Champagne rosé, frappé à souhait. C'était Byzance. Pourtant, Lorenzo Modino avait les traits marqués et ne dissimulait pas son angoisse. Il leva sa flûte de champagne.

– Je bois à la fin des tourments de ces deux malheureuses jeunes femmes.

Ils burent. En silence. Malko détourna le regard sous celui, insistant, de Souab. Elle semblait se douter de quelque chose. Le dîner terminé, l'ambassadeur les entraîna dans le fumoir. Juste à ce moment, un homme pénétra dans la pièce et vint murmurer quelque chose à l'oreille du diplomate. Celui-ci sursauta et lança à la cantonade.

– On me dit qu'il y a eu un incident ce matin à la mosquée Ibn Taimiya. Un échange de coups de feu entre des gardes de la mosquée, un sac contenant des débris humains… Ce ne serait pas…

Il laissa sa phrase en suspens. Terrifié.

– Non, non, affirma Bruce Chaplin, après avoir échangé un regard éloquent avec Malko. Nous sommes en contact permanent avec l'imam de cette mosquée.

– Je lui ai encore parlé aujourd'hui, renchérit Malko.

Ce qui était la stricte vérité.

Bruce Chaplin prit à part l'ambassadeur et aussitôt Souab sauta sur Malko.

– Vous me cachez quelque chose, souffla-t-elle.

Il posa une main sur sa hanche, ce qui lui permit de sentir le serpent d'une jarretelle. Enfin une sensation agréable. Il en avait besoin.

– Rien du tout, jura-t-il. Nous faisons tout ce que nous pouvons pour obtenir la libération de ces deux jeunes femmes.

Ce qui était, là encore, la stricte vérité.

– Je vous vois, ce soir ? demanda Souab.

– Ça va être difficile, reconnut Malko. J'ai encore à faire.

Veiller sur ses otages à lui. Mais ça, il ne pouvait pas le dire.

***

Stirling Powell buvait du champagne à la régalade, ce qui était un crime. Il avait déjà vidé une bouteille de Taittinger et n'avait pas l'intention de s'arrêter. En allant nourrir les prisonniers, il était tombé sur la réserve d'alcool du propriétaire de la maison ! Avec Peter Bergman, ils avaient remonté tout ce qu'ils pouvaient, porté une bouteille de Defender « 5 ans d'âge » à Tony Cavendish, de garde à l'extérieur, qui s'était mis à biberonner aussi sec. Peter Bergman avait arrêté ses réussites pour se consacrer à l'alcool, alternant cognac et scotch. Sa bouteille de Taittinger vide, Stirling Powell revint à son magazine de cul. L'alcool lui donnait envie de baiser... Il pensa soudain à la fille qui se trouvait dans la cave. Mignonne. Les yeux fermés, il se concentra sur un beau petit fantasme. Elle était peut-être vierge ! Machinalement, il commença à se toucher par dessus son pantalon de toile et, en très peu de temps, il eut une magnifique érection. Il pensa à se masturber, mais c'était idiot, avec cette fille à portée de la main.

Posant son magazine, il se dirigea vers l'escalier de la cave de son pas souple. Peter Bergman ne leva même pas la tête. Il somnolait, la tête entre ses bras.

Stirling Powell atteignit la cave et ouvrit la porte. Les prisonniers étaient assis par terre, serrés les uns contre les autres. Il aperçut, grâce à la lumière du couloir, les longs cheveux noirs de celle qu'il convoitait. Heureusement, elle était tout près de la porte. Il lui toucha légèrement l'épaule et elle sursauta.

– *Come !*

Évidemment, elle ne comprenait pas l'anglais et ne bougea pas. Alors, le mercenaire la saisit par les cheveux et la tira vers lui. En un clin d'œil, elle fut hors de la cave et il claqua la porte sur un des hommes qui venait de se lever avec une exclamation horrifiée. Il s'empressa de remonter, tirant la fille par les cheveux.

Peter Bergman lui jeta un regard torve mais ne réagit pas. Le Texan, tirant toujours la fille, la fit monter au premier, la poussa dans la chambre et refermant la porte.

Il l'examina : sa longue robe détaillait une poitrine déjà arrogante, elle avait une belle bouche charnue et de grands yeux noirs, pleins de terreur. Il lui sourit et dit :

– Déshabille-toi.

Elle ne bougea pas. Alors, sans s'énerver, il prit le long poignard glissé dans sa botte et le posa brièvement sur sa gorge pour qu'elle sente le froid de l'acier. Elle poussa un cri étranglé et se mit à trembler.

– Je ne vais pas te faire mal, grommela l'Américain.

Délicatement, il commença à découper ses vêtements. Il avait toujours veillé à aiguiser son poignard utilisé pour trancher des oreilles de prisonniers, dans le Nord. En un clin d'œil, la jeune fille fut nue. À part une sage culotte blanche. Ses seins pointaient, orgueilleux. Stirling Powell glissa la lame du poignard entre la culotte et la peau et le tissu tomba à terre. Découvrant une toison naissante d'un noir de jais.

Le Texan sentit le sang battre à ses tempes. Il n'avait jamais rien vu d'aussi excitant ! D'une poussée sur ses épaules, il força la jeune fille à s'allonger sur le lit. Terrifiée, elle ne luttait pas. Il lui écarta légèrement les jambes, découvrant le rose vif du sexe. Hypnotisé, il allongea la main et l'effleura. Sa victime se cabra d'un sursaut animal de tout son corps.

Stirling Powell s'aperçut soudain qu'il haletait et que, sous son pantalon de toile, son membre était dur comme un épieu.

Fébrilement, il dégagea son long sexe légèrement recourbé. La jeune fille poussa un cri. D'un mouvement souple, il s'allongea sur elle, écartant ses jambes d'un coup de genou, puis demeura immobile, son sexe contre le ventre de sa victime. Profitant de cet instant inouï. Il sentait, il savait qu'elle était vierge. Il n'avait jamais baisé une vierge.

Il se redressa, prit son sexe dans la main gauche et poussa un peu jusqu'à ce qu'il soit au contact du sexe de la jeune fille. Il commença alors à pousser de toute la puissance de ses reins, vite arrêté par un obstacle naturel : l'hymen. Tétanisée, les mains crispées sur les draps, sa victime subissait, inerte. Stirling Powell accentua légèrement sa pression, sans progresser d'un millimètre.

Alors, d'un fantastique coup de boutoir, il s'enfouit à moitié dans le sexe de sa victime. Celle-ci poussa un hurlement désespéré qui lui vrilla les oreilles et réveilla, en bas, Peter Bergman. Le mercenaire cria :

– Stirling, *where are you ?*

– En haut, répondit Stirling Powell. Je suis O.K.

Maintenant, la fille criait sans arrêt. Stirling Powell entendit les pas lourds de son copain dans l'escalier, puis son exclamation.

– *Shit !* T'aurais pu me prévenir.

La fille continuait à crier, d'une voix aiguë, vrillante. Stirling Powell lança :

– Putain, mets de la musique, elle va ameuter les autres dans la cave !

– O.K., accepta Peter Bergman, mais j'en veux aussi.

Quelques minutes plus tard, la musique d'une danse du ventre endiablée s'éleva du rez-de-chaussée. Peter Bergman avait mis en route le vieux Gramophone… Alors, avec application, arc-bouté sur le corps de la jeune fille, Stirling Powell se mit à la besogner jusqu'à ce qu'il ait pris entièrement possession du sexe violé. Il aurait voulu que ça dure très longtemps, mais le plaisir était trop fort. Il sentit soudain sa semence fuser de ses reins et son cri sauvage se mêla aux hurlements de sa victime.

Il se retira aussitôt, des traînées de sang sur son membre qu'il remit dans son pantalon de toile. Il descendit alors d'un pas lourd, découvrant Peter Bergman en train de se dandiner comme un ours devant le Gramophone.

– Tu peux y aller ! fit le Texan, elle aime ça.

Peter Bergman était si ivre qu'il rata une marche et s'étala avant de monter pratiquement à quatre pattes. Un cri aigu apprit au Texan qu'il avait trouvé sa voie, à son tour.

La tête bourdonnante de plaisir, il alla s'effondrer dans le canapé, sans entendre les cris venant de la cave.

Cinq minutes plus tard, Peter Bergman redescendit, hoquetant et rigolard.

– Putain, fit-il, j'aurais pas quitté ce putain de pays sans avoir baisé une de ces putes d'Arabe.

Il s'arrêta net, écoutant les cris qui venaient de la cave.

– Putain ! Il faut les calmer, lança-t-il.

Stirling Powell eut un geste signifiant qu'il s'en foutait. Alors, son copain prit la direcion de la cave. Remontant quelques instants plus tard en traînant le père de la fille violée qui hurlait comme une sirène.

Stirling Powell lui jeta, rigolard :

– T'as qu'à lui couper la langue. Ça le fera taire.

Pris d'une idée subite, Peter Bergman poussa l'Irakien sur le fauteuil de dentiste et décrocha une des roulettes. Maintenant sa victime d'une main, il la mit en route. L'homme hurla de plus belle. Nonchalamment, Stirling Powell se leva et tourna la manivelle du Gramophone. La musique s'éleva dans la pièce, et le Texan se mit à danser. À moitié étranglé, l'Irakien ouvrit la bouche et Peter Bergman en profita pour enfoncer la roulette, au hasard, dans sa bouche. Attaquant l'ivoire d'une des dents.

Le sursaut de sa victime fut tel qu'il le projeta à un mètre en arrière et la roulette continua à faire des bonds au bout de son câble, comme un serpent fou.

Le bruit de la porte qui s'ouvrait les dégrisa d'un coup.

***

Horrifié, Malko demeura figé en face du Gramophone. Le dîner s'était un peu trop prolongé. Penaud, Peter Bergman bredouilla :

– Cet enfoiré gueulait comme un âne !

Terrifié, l'Irakien demeurait tassé sur le fauteuil, les yeux hors de la tête. Voyant qu'on ne s'occupait plus de lui, il fila comme une flèche vers la cave. La musique mourut doucement et Stirling Powell s'ébroua. Dégrisé, il préféra aller au-devant des problèmes et dit avec son mince sourire :

– On s'ennuyait un peu. Et puis, la petite a voulu que je m'occupe d'elle. Les autres ont pas été contents.

Malko se souvint brusquement de la jeune fille de la villa.

– Où est-elle ? jeta-t-il.

– En haut.

Il se rua dans l'escalier. Quand il vit la fille nue, le regard vide, le sang sur les cuisses, il se sentit des envies de meurtre. D'un trait, il redescendit, son Glock au poing.

– Qui a fait ça ?

Stirling Powell avait vu le pistolet. D'un geste de serpent, il saisit le Colt pendu à sa ceinture, le braqua sur Malko et lâcha :

– Moi. C'est jamais qu'une petite pute.

Le doigt de Malko se crispa sur la détente, mais il

vit dans les yeux du Texan qu'il allait tirer. Écœuré, il abaissa son arme.

– Partez, partez immédiatement ! dit-il d'une voix blanche. Tous les deux.

Les deux mercenaires ne discutèrent pas. Resté seul, Malko remonta et jeta une couverture sur la fille. Ensuite, il appela Bruce Chaplin.

*
* *

Prostré dans la salle à manger, Malko essayait de boire le thé préparé par Ahmed. Résistant à une furieuse envie de ramener ses otages là où il les avait trouvés. De toute façon, il ne jouissait plus d'aucune protection. Un médecin était venu, en pleine nuit, faire une piqûre à la fille violée qui reposait dans la chambre.

Son portable sonna. Il distingua à peine la voix de Lorenzo Modino, l'ambassadeur d'Italie.

– Elles sont libres ! hurlait le diplomate dans l'appareil. On vient de les retrouver à Yarmouk, dans la rue. On venait de les déposer là. C'est merveilleux !

Malko, silencieusement, remercia Dieu. Il avait été au bout de l'horreur, mais au moins, cela n'avait pas été pour rien. Personne, jamais, ne devait savoir à quel prix les deux otages italiennes avaient été libérées. Il lui restait à observer sa part du marché.

– Ahmed, dit-il, nous retournons à Yarmouk. On va faire deux voyages.

– Pas la peine, fit l'Irakien, je vais appeler mon beau-frère, il a un minibus.

*
* *

Les prisonniers libérés n'avaient pas ouvert la bouche pendant tout le trajet de la rue n° 38 à Yarmouk.

Le père, frère de l'imam Al-Janabi serrant dans ses bras sa fille encore étourdie par les calmants. Malko dissimulait sa honte. Heureusement, aucun des Irakiens ne le regarda. Ils s'engouffrèrent dans la villa sans se retourner et le portail bleu claqua avec un bruit métallique.

– On va à l'ambassade d'Italie, dit Malko.

Là-bas, c'était la liesse. Le champagne coulait à flots. L'ambassadeur mit dans la main de Malko une flûte pleine de Taittinger Comtes de Champagne Rosé et la heurta contre la sienne.

– Je *sais* que c'est grâce à vous qu'elles ont été libérées, dit-il. Mais je ne veux pas savoir comment. Dites-moi s'il y a quelqu'un à récompenser.

– Personne, répondit Malko.

À part Frank Capistrano, qui avait donné le feu vert à une opération tordue et dangereuse.

Malko avait les jambes coupées par la fatigue et l'épuisement nerveux et entendait à peine le brouhaha de l'ambassade, envahie par les journalistes italiens. Discrètement, il fila vers la sortie, fut intercepté par Souab.

– Je les mets dans l'avion envoyé par Rome, dit-elle, et après, on fait la fête.

***

Tony Cavendish s'engagea dans la rue calme de Mansour où il habitait avec ses deux copains américains, au volant du Cherokee. Les trois hommes étaient euphoriques. En dépit de tout, ils avaient touché leur argent : 15 000 dollars chacun, ce qu'ils gagnaient en deux mois. En plus, un des concierges du *Sheraton* leur avait promis de leur procurer des putes. Il ralentit et s'arrêta en face de leur grille. Comme toujours, la rue était calme et déserte. Il se tourna vers Peter Bergman.

– Tu vas ouvrir ?

Le mercenaire américain sauta à terre. Comme il s'approchait de la grille, il aperçut une silhouette dans leur petit jardin et porta instinctivement la main à son arme. Avant qu'il l'ait sortie de son holster, il y eut un éclair blanc devant lui et une traînée rougeâtre.

La roquette du RPG7 explosa sur le pare-brise du Cherokee, le pulvérisant et répandant une boule de feu à 2 000 degrés. Peter Bergman eut le temps de sortir son arme avant d'être pratiquement coupé en deux par une rafale de Kalachnikov. Cinq hommes cagoulés jaillirent du jardin. L'un vida un chargeur dans le corps de Peter Bergman tandis que les deux autres arrosaient les corps recroquevillés dans les flammes.

Ensuite, ils s'éloignèrent d'un pas calme jusqu'au bout de la rue où les attendait un véhicule.

***

Souab leva les yeux et libéra sa bouche, demandant d'un ton suppliant :

– Dis-moi comment tu as fait.

Malko secoua la tête.

– J'ai déjà oublié.

La Libanaise reprit sa fellation, jusqu'à ce que Malko jouisse dans sa bouche. Ensuite, ils se partagèrent ce qui restait de la bouteille de Taittinger Comtes de Champagne soustraite au stock de l'ambassadeur. Malko avait émigré dans une des plus belles chambres de l'hôtel *Sheraton*, sous la protection officielle des Gurkhas et des États-Unis.

Soudain, une sourde explosion, suivie d'une seconde, fit trembler les murs. Deux roquettes venaient d'exploser contre la façade. Peut-être un geste de vengeance. Il ne le saurait jamais.

Il s'allongea sur le lit, reprit du champagne et se vida le cerveau. Ce soir, il n'avait plus envie de penser.

C'est le téléphone qui le réveilla, très tôt, le lendemain matin.

– La voiture est en bas, *sir*, annonça le concierge.

Une Buick blindée, avec une escorte « officielle » de la CIA. Il laissa Souab dormir et descendit. Bruce Chaplin était là. Au moment où ils sortaient, ils entendirent les appels des muezzins se relayer, couvrant peu à peu toute la ville.

– C'est le début du ramadan, rappela l'Américain.

ABONNEMENTS — RÉABONNEMENTS

Tarifs valables jusqu'au 31/12/2015

Je souhaite commander les numéros suivants

☐ SAS N°...

frais de port (par vol = 2,94 €) **et remise 5 % inclus** dans ces tarifs
port Europe (par vol = 4,20 €)
Monde = 5,70 €

TOTAL = ... €

PAIEMENT PAR CHÈQUE À
EDITIONS GÉRARD DE VILLIERS
15, CHEMIN DES COURTILLES
92600 ASNIÈRES

Nom : .... Prénom ....
Adresse ....
....
Code postal .... Ville ....

SAS : Je souhaite recevoir

- les volumes cochés ci-dessous au prix de 7,50 € l'unité, soit :

N° ....
.... livres à 7,50 € = ...€

\+ frais de port = ...€

2015 - 1 livre : 2,94 € / 2 livres : 3,51 € / 3 livres : 4,56 € / 4 livres : 5,04 € / 5 livres : 5,89 € / 6 livres : 6,35 € / 7 livres et plus : 10 €

TOTAL .... (ajouter à TOTAL abonnements) .... = ...€

Contact : Philippe Kaniszay
editions-gerard-de-villiers@orange.fr
Tél. : 01 41 21 37 88

LA VENGEANCE DU KREMLIN

De Londres à Moscou en passant par Tel Aviv, une traque impitoyable pour déjouer les plans du Kremlin.

LES FOUS DE BENGHAZI
GERARD DE VILLIERS
IGLA S
GERARD DE VILLIERS
PANIQUE À BAMAKO
GERARD DE VILLIERS
AMAS [2]
LE CHEMIN DE DAMAS [1]
GERARD DE VILLIERS
KABOUL [2]
SAUVE-QUI-PEUT À KABOUL [1]
GERARD DE VILLIERS
LE BEAU DANUBE ROUGE
GERARD DE VILLIERS
LES FANTÔMES DE LOCKERBIE
GERARD DE VILLIERS
LA VENGEANCE DU KREMLIN
GERARD DE VILLIERS

Cet ouvrage a été imprimé en France par

BRODARD & TAUPIN

à La Flèche (Sarthe), le 11-02-2015

ÉDITIONS GÉRARD DE VILLIERS

N° d'impression : 3009549
Dépôt légal : février 2015
Imprimé en France